MANAGEMENT

SET-UP

DIE MACHT VON RATING

UND EVALUIERUNG

Turnaround
zur
Nachhaltigkeit

INHALT

1. MIT ELAN INS CHANGE-MANAGEMENT

Das allgemeine Management-Bewusstsein erfährt gerade einen gewaltigen Umschwung. Die Auffassungen in den Unternehmens-Etagen haben sich geändert. Auf allen Ebenen braucht es innovative Schwingungen. Die Anfahrt in die Projekte gehört ordentlich vorausberechnet. Der verpflichtende Bogen ist genau anzusteuern. Die Bezugssysteme werden genau geprüft, bevor man sich in Aktivitäten stürzt. Die Impulse gibt zwar der Markt, sie sind aber punktuell minutiös aus der Hinterhand des Managements zu bearbeiten.

Balance und Geschmeidigkeit sind im modernen Management Bedingungen, die viel zu wenig beachtet werden. Die Kräfte, die einwirken, lassen sich messen. Wenn keine Bereitschaft zum Reflektieren vorhanden ist, mündet der Starrsinn in die Erfolglosigkeit. Chaos-Folgen sind nicht ausgeschlossen. Die externen Hilfestellungen durch Rating und Coaching werden noch viel zu selten in Erwägung gezogen. Die Skala der Methoden wäre groß genug, um kompetent ans Werk zu gehen. Darauf sollte man nicht verzichten.

Der zu erwartende Schub durch ein aggressives Marketing wird von ausgeprägten Phasen des Dahingleitens durch die Märkte ergänzt, um dann wieder auf Verstärkungen einzugehen. Der wirtschaftliche Wettbewerb verlangt, ähnlich wie in der Rhetorik oder im Kampfsport, durch gekonntes Parieren zu reagieren. Das prägt die Einstellungen der Unternehmen. Wie wird zu Veränderungen animiert? Selbst CEO's brauchen den Stimulus, um aus ihrer Berufung heraus die strategische und moralische Mitte ihres Unternehmens zu finden. Ohne diesen Angelpunkt kann sich nichts bewegen, der Wandel würde keinen Sinn machen.

Solche Ansätze präsentieren sich vielgestaltig, sobald die anstehenden Probleme bereitwillig und energiegeladen in Angriff genommen werden. Im Wechselspiel zwischen Organisation und Herausforderung sind agile Fähigkeiten fundamental notwendig, damit Umsatz und Ertrag auf einem hohen Level gehalten werden können. Die neuen Arbeitsformen fallen unter den Begriff der „Dynamischen Kompetenz". Die ökonomische Spannkraft fußt auf Zähigkeit und Kraft. Beides erlangt man abseits des eigentlichen Geschehens.

In diesem Zusammenhang stellt sich die Frage, was Manager vom Sport lernen können. Leistungsträger setzen auf ein gewisses Maß einer Grund-Robustheit und Widerstandsfähigkeit. Allerdings, ohne Planung, ohne Wissen und ohne Disziplin werden die besten Absichten nicht umgesetzt. Diese allgemeine Erkenntnis zieht sich bis in die ökonomischen Sphären. Man kann eine momentane Aktionsrunde vielleicht verfehlen, es wäre aber ratsam, dann sofort eine Folgeaktivität einzuleiten. Dazu werden schon im Vorfeld die zutreffenden Überlegungen und Daten benötigt. Die erforderlichen Messgrößen sind einzugeben, die Gründe sollten offen aufliegen.

In der Systemarchitektur des modernen Managements gibt es eine noch unausgegorene Triebfeder: das Rating. Das gesellschaftliche Problem-Management darf nicht allein auf die Politik abgewälzt werden. Das entspräche nicht der Realität der Lebensbedingungen. Die globale

Neukonfiguration der Ressourcen funktioniert jedenfalls nur über ein interaktives Management. Die Handlungsmuster sind international abzugleichen. Die spezifischen Einflüsse werden umso souveräner gemeistert, je besser die Fähigkeiten in Planung und Umsetzung sind. Sie hängen nicht von Standardisierungen ab. Jede herausragende Leistung geht über das durchschnittliche Niveau hinaus. Deswegen sind Standards nicht des Rätsels letzte Lösung.

Umfassende Management-Methoden berücksichtigen auch die Zwischen-Stadien der Strömungen. Bis zum nächsten Aktions-Schwerpunkt werden abhängig von der jeweiligen Teilstrecke die geeigneten Instrumente ausgewählt. Es wäre gut, sie rechtzeitig zur Hand zu haben. Jede Situation des Augenblicks erfordert das adäquate Handeln. Zu den allgemeinen Faustregeln gesellt sich das nötige Quantum Inspiration. Unvermutet werden Hindernisse auftauchen, während andere Bewegungen synchron zur allgemeinen Entwicklung, manche sogar im Gegenzug azyklisch laufen. Es gibt so viele indirekte Vorgangsweisen, die man taktisch geschickt verwerten kann. Die dynamischen Fähigkeiten im Unternehmen sind die Voraussetzungen, Chancen wahrzunehmen und Change-Management zu betreiben. Vorab werden sie am Radar des Ratings ausgemacht.

Sind die Erfolgsfaktoren einmal herausgearbeitet, wird man den Blick auf die Wettbewerbsreaktionen werfen. Der relevante Unterschied im Bench-Marking bezieht sich auf Produktqualität, Distributions-Mechanismen und Promotion-Politik. Er bedingt die Markenwahl der Konsumenten. Wie lassen sich demnach Geschäftsmodelle und Organisationen sinnvoll und zukunftsbezogen umstellen? Veränderung ist öfter notwendig, als man glaubt. Eigentlich ist sie unverzichtbar. Das Wesen des Change-Managements beruht auf diesem sich stets wiederholenden Paradigma. Es gilt für die politische genauso wie für die wirtschaftliche Handlungsfähigkeit. Veränderung bezeichnet nicht unbedingt

Korrektur, manchmal geht es bloß um geschickte Modulierung. Bestehende Zustände werden beeinflusst, Signale neu ausgerichtet.

Als die in Turbulenzen geratene Währungsunion die wachsende Einigung Europas zum Scheitern zu bringen drohte, erkannten selbst wirtschaftlich mächtige Staaten und erst recht ihre Unternehmen, wie sie auf andere angewiesen sind. Diese Erkenntnis scheint bei manchen sehr schnell wieder verflogen zu sein. Es ist eine Gratwanderung zwischen Führerschaft im Wettbewerb und autoritärem Harakiri. Ohne international zu kooperieren geht in der modernen Wirtschaft gar nichts. Da sind nicht allein Zusammenschlüsse von Firmen oder ausgeklügelte Strategische Allianzen zwischen den Großen angesprochen. Gerade die KMU's mit ihren unverkennbaren Größennachteilen brauchen die geschickte Kooperation, um global mitmischen zu können.

Wettbewerbsvorteile gehen schnell verloren. Fazit: Unternehmer und Manager müssen den Wandel ununterbrochen vor Augen haben. Vorbereitung ist die beste Absicherung.

Schließlich sind Entscheidungen irgendwie auch subjektiv geprägt. Sie bauen auf Motivation und Instinkt. Die inneren Einflüsse eines Unternehmens vermengen sich mit den von außen ausgelösten Reizen, wodurch das

Verhalten der Entscheidungsträger immer komplexeren Einflüssen ausgesetzt ist. Und dann sollten die Reaktionen und Aktivitäten noch nach außen hin präsentiert werden.

Kein Wunder, dass sich da große Verunsicherung einschleicht. Ängstlichkeit sollte vermieden werden, daher wäre sofort abrufbares Wissen wünschenswert. Bisweilen darf sich auch das Bauchgefühl der Intuition durchsetzen. Die Pfade der Entscheidung treffen sich an den vielschichtigen Kreuzungspunkten.

Wenn als Beispiel der Präsident der Europäischen Zentralbank signalisiert, alle Instrumente gegen eine ungewöhnlich niedrige Inflation im Euro-Währungsraum einzusetzen, geht er gleichzeitig von objektivierten Annahmen und subjektiven Intuitionen aus. Seine Position wird vorerst über ein propagandistisches Profil vermittelt. Daraufhin werden konkrete Maßnahmen gesetzt. Die Darstellung der Angebote hat Einfluss auf die Haltung der Konsumenten. Davon hängt wiederum die Kaufbereitschaft etwa für energiesparende Mobilität oder für gesunde Ernährung ab. Die Wirtschaftsmoral hat also handlungsmotivierend zu sein. Nur informieren allein, ist zu wenig. Der Ehrgeiz zum intensiven Handeln muss dazu erzeugt werden. Denn was nützt die rationale Einsicht, wenn sie kein folgerichtiges Verhalten auslöst.

Die Stärke zur Aktivierung der notwendigen Maßnahmen liegt in der Erfahrung und Qualifikation der Akteure. Ist deren Interesse am eigenen Job von dem Bestreben erfüllt, bestmögliche Lösungen für ihre Unternehmungen anzubieten, werden sie die verpflichtenden Aufgaben auch korrekt zu bewältigen wissen. Die Motivation dazu hängt von der inneren Zustimmung ab. Sie beschränkt sich nicht auf das subjektive Überzeugen, sondern fokussiert sich auf die Konsequenzen. Diese sollten schlüssig zu den bestimmenden Handlungen führen.

Wie gut kann ein Management motivieren? Die persönliche Einstellung der Führungskräfte entscheidet über die denkbaren Strömungen von Entwicklungen. Kollektive Forderungen nach Innovationen bleiben wirkungslos, solange motivationsschwache Manager die von ihnen übernommenen Aufgaben nur schwächlich umsetzen. Ein fundiertes Knowledge-Management schafft Abhilfe. Es schafft die Voraussetzungen, dass man bewusst auf die zu bearbeitenden Inhalte eingeht. Die Kunst besteht darin, neue Situationen mit adäquaten und attraktiven Produkten und Dienstleistungen zu füttern.

Anfangs werden die Argumente in unterschiedliche Umlaufbahnen katapultiert. Sie in geordnete Bahnen lenken, bedeutet Korrektive, Überprüfungen und

Qualitätsnachweise einbauen. Der Wandel stellt sich nicht zuletzt in den Unternehmens-Strukturen ein. Innovative Technologien für neue Märkte speisen sich aus dem Drang, veränderte Lebensbedingungen zu erstellen. Die ideale Wettbewerbsposition erreicht ein Unternehmen, wenn es glaubwürdig darstellt, wie es Angebote für Wohlbefinden, Wohlstand oder andere Vorzüge anbietet. Technologie und Innovation sind die Treiber auf den Märkten.

Die Informationen aus den Evaluierungen werden als Hebel angesetzt. Ansonsten läuft man Gefahr, in der Flut an Informationen, zum Großteil an Fehlinformationen, unterzugehen. Werden Strukturen an die

Entwicklung angepasst, müssen alle Mitarbeiter/innen eines Unternehmens in die Prozesse mitgenommen werden. Die Verwirklichung von Plänen wird idealerweise von einem Coaching begleitet. Niemand darf sich allein gelassen fühlen. Berater sind keine Unternehmens-Therapeuten, aber sie sollten die ausgesuchten Partner sein, die ungeschminkt den objektivierten Status-quo beschreiben.

Es kommt den Unternehmen zugute, wenn Kursabweichungen möglichst rasch korrigiert werden können. Jede einzelne Verzögerung könnte schon eine zu viel sein. Mit der Flexibilität im Strategie-Kreis hat sich auch die Transparenz der Unternehmen zu steigern.

Sicherlich ist der Aufwand groß, aber er lohnt sich. Die sich ständig verändernden Arbeitswelten verlangen nach moderner Leadership. Die Digitalkompetenz darf auf die bewährten Methoden des professionellen Planens, Führens, Motivierens und Durchsetzens nicht verzichten. Die Digitalisierung selbst braucht keine extra ausgetüftelten Entwicklungsstrategien. Die digitale Transformation ist einfach ein nicht wegzudenkender Hilfsprozess in der Maschinerie eines Unternehmens. Sie kann nur nicht die psychologischen und strategischen Inhalte auf die elektronische Kommunikation übertragen. Das Sensationelle und das oft Entscheidende wäre außer Acht gelassen. Die Ansprüche würden sich zwischen den Kräften der Rivalität und des Zeitdrucks aufreiben. Die Schlussfolgerungen wären äußerst irrational. Die Sachzwänge würden das Erwartete demolieren. Manager dürfen nie die Getriebenen sein, sie sind die Motivatoren.

Die gegenwärtigen digitalen Plattformen sind bedauerlicherweise dafür berüchtigt, dem Trend zu Fake-News zu verfallen. Damit können sie allerhand verwüsten, nicht nur in der internationalen Politik, auch in der globalen Wirtschaft. Im geeigneten Ordnungsrahmen werden sie aber dringend gebraucht. Setzt man sie richtig ein, sollte viel mehr optimistische Rationalität in den Vorgang gelegt werden. Nicht die Evaluierung selbst soll automatisiert, wohl aber die Kommunikation digital gestrafft werden. Die Zerrissenheit der Ideen gilt es zu unterbinden.

Worum geht es, wenn man über Zukunft im Unternehmen spricht? Unspezifisch wäre ein Management-Verhalten, das auf die Zeichen der Veränderung nicht eingeht. Am Horizont steht das Prinzip der nachhaltigen Verantwortung. Es schafft gleichzeitig die Grundlage des Vorwärtskommens. Sollen sich die neuen Organisationsformen erfolgreich erweisen, sind sie sofort in die Unternehmens-Philosophie zu verankern. Alle am Arbeitsprozess Beteiligten sollten wissen, was das Unternehmen erreichen will. Erst wenn die Ziele spezifisch definiert sind, lassen sie sich messen. Dann werden sie auch besser akzeptiert.

Schließlich geht der Nutzen der unternehmerischen Organisation auf den Konsumenten-Nutzen über. Die Ansprüche an die Mitarbeiter steigern sich hin zur zunehmenden Verantwortung. Der Experimentierraum der Zusammenarbeit ist groß. In der exquisiten Entscheidungsfindung werden die individuellen Antworten die standardisierten ablösen. Der Idealzustand lässt sich gedanklich in die Realität holen.

Alle sprechen von Nachhaltigkeit, aber die konkreten Instrumente bietet der Markt noch nicht vollends an. Es fehlt an der Bündelung der Maßnahmen, die Expertise lässt aus. Wie werden die Motoren der Unternehmen in Gang gebracht? Angetrieben werden sie mit Information und Referenzen. Wenn der Schwung zur Innovation und zur Risikobereitschaft fehlt, leidet darunter das gesamte Konstrukt. Change-Management verlangt, dass mit Entschlossenheit das Neue angegangen wird. Der explosive Veränderungswille aktiviert die verschiedensten Facetten der Kreativität. Die versprengten Möglichkeiten des Innovativen sind kontinuierlich neu anzudenken und darzustellen. Es muss Sinn bieten, wenn etwas Neues angegangen wird. Außerdem ist unbedingter Einsatz zur Umsetzung gefordert. Im Grenzbereich der Kapazitäten lohnt es sich, noch weiter zu streben. Da wird extrem viel Eigenverantwortung und ein gerüttelt Maß an Flexibilität dem Management abverlangt.

Worin bestehen die Services zur Effizienz? Es beginnt beim Recruiting des nötigen Personals. Das Bewerten von Situationen und das Trainieren der Vorgangsweisen stärken die Fundamente eines über Wissens-Management agierenden Unternehmens. Sie sind die Voraussetzung für die cleveren Prozesse der Problemlösung. Am Ende steht die Entscheidungsfindung. Verfolgt man die Qualifikationsvorhaben in Einzelfällen, ergibt sich ein ernüchterndes Bild. Viele der Unternehmen, die vorgeben, ein auf

Weiterbildung orientiertes Personal-Management zu betreiben, tun dies offenbar zu wenig oder zu konzeptlos. Der Erfahrungs- und Wissensaustausch in Sachen Nachhaltigkeit wird nur mäßig angegangen. Gelegentlich ist man sich dessen bewusst, dass das Verbleiben in ein und demselben Wissenspool nur durchschnittlichen Wirtschaftserfolg einfahren kann. Wer hält schon Ausschau nach dem weiteren Ausmaß und den Alternativen? Die Innovationskette ist seit eh und je grenzüberschreitend.

Die Frage stellt sich, wie Nachhaltigkeit und Business zusammenhängen. Die Erneuerung von Strukturen und Systemen ist nicht so schwierig wie die der Identität und der

Unternehmens-Kultur. Sobald sich die äußeren Bedingungen radikal verändern, muss zwangsläufig die Unternehmenskultur ihnen folgen. In der Folge können sich die nützlichen Innovationen rasant verbreiten. Dahinter liegt das Geheimnis, wie mit Diversität umgegangen wird. Mit ihr werden die neu gezogenen Trumpfkarten ausgespielt.

2. HUMAN RESOURCES ASSESSMENTS

Will man Marketing-Probleme effizient angehen, ist es unerlässlich, beim Humankapital anzusetzen. Die persönlichen Fähigkeiten sind nicht aus den ökonomischen Zusammenhängen zu reißen. Berücksichtigt werden die Bedürfnisse, die der Stakeholder, der Organisationsführer und nicht zuletzt der Konsumenten. Leistung wird nicht ausschließlich, aber sicherlich auch über die Faktoren der Akzeptanz des Verhaltens gemessen. Selbst im Innovationsbereich liefern die reinen Gewinnzahlen nur irreführende Signale. Damit wird die Zukunft des Unternehmens nicht gemeistert.

Alternative Faktoren greifen in das Spiel des Wettbewerbs.

Die Relevanz des unternehmerischen Handelns ist nicht nur ökonomisch bestimmt, sie setzt zusätzlich gesellschaftliche Akzente. Wird dieser Zusammenhang nicht berücksichtigt, werden Marketing-Strategien ins Leere laufen. Die Begabung der Reaktionsstärke wird in allen Sphären des Managements gefragt sein.

Sie beruht auf der Rationalität von Gegebenheiten und bedient sich dementsprechend der erlernten Techniken.

Wie auch immer die Methodik abgebildet ist, die Vorzüge werden den Usern zugutekommen. Die Vorgänge, die den bestmöglichen Status in der Team-Struktur herstellen, werden erfolgsbestimmend sein. Die Pfeiler des Personalwesens sind Recruiting und Assessment. Die Arbeitsstelle als auch der persönlichen Einsatz lassen sich kontinuierlich optimieren. Die fachlichen Methoden der Beobachtung und Modifikation helfen dabei. Der Prozess des gekonnten Reflektierens stabilisiert die internen und externen Beziehungen. Zum Erfolg zählt, die Fertigkeiten als auch die Mechanismen des Interagierens ständig zu verfeinern. Die Initialzündung beginnt beim Assessment der einzelnen Player.

Wie lassen sich die Fähigkeiten auf die jeweiligen Zielsetzungen trimmen? Nach der Abwicklung von Assessments geht man idealerweise auf punktuell konzipierte Trainings-Stationen über. Die permanente Fähigkeit zu managen ist ebenso trainierbar wie die Sensibilität, das benötigte Wissen rechtzeitig abzurufen. Die Vorgangsweise ist mit dem Training im Sport vergleichbar. Die Human Resources sind dann gut unterstützt, wenn die Projekt-Teams befähigt sind, das Verhalten am Markt und die Beobachtung der Mitbewerber zügig zu koordinieren. Die interdisziplinäre Beobachtung berücksichtigt dabei die wirtschaftlichen als auch die gesellschaftlichen Aspekte.

Wie werden strategische Ziele optimal in die Tat umgesetzt? Zu den Soft-Skills, die im Assessment bewertet werden, gehören vornehmlich interkulturelle, soziokulturelle und psychologische Facetten. Der Raum in der Praxis wird nicht konfliktfrei bleiben. Damit wird das Management umzugehen haben. Coolness wird eingefordert, sie wird durch die Objektivität der Betrachtungs- und Handlungsweisen gestärkt. Dieser Faktor ist in der Problembewältigung nicht zu unterschätzen.

Während die Monotonie der vergangenen Abläufe fortlaufend von neuen Ansätzen unterbrochen wird, vergisst man allzu leicht, dem neuesten Wissensstand gerecht zu werden. Dabei ist das die primäre Voraussetzung, um Unternehmen vorwärts zu bringen. Das Personal-Assessment gibt die Antworten, wer, wann, zu welchem Zweck idealerweise an Bord eines Unternehmens zu sein hat. Die Konfiguration der bestmöglichen Personal-Optionen ist teambestimmend. Ihr kommt eine herausragend strategische Rolle im Unternehmen zu.

Es ist nicht allein die Harmonie, die das Personal-Gefüge verbessert. Die Art und Weise, wie die Entscheidungen zustande kommen, ist mitbestimmend. Das gut eingesetzte Teamwork zimmert sich eine positive Fehlerkultur und damit auch die Erfolgsgeschichte zurecht. Ist das

Unternehmens-Klima im positiven Sinn pulsierend, verleiht es innovativen Unternehmen den ihnen geschuldeten Rückenwind. Im Gemenge von Schuldzuweisungen und Spekulationen lassen sich kaum gut strukturierte Projekte herausdestillieren. Dann stoßen zu viele Versionen gegeneinander, wobei alle ihr Recht haben wollen. Da wird die spezifische Coaching-Initiative zur Rettung. Wenn sich auf den Märkten die Dynamik der Nachhaltigkeit durchsetzt, richten sich auch die Modelle der Expertise danach.

In den einzelnen Fachbereichen stechen diejenigen als die Besten eines Teams heraus, die sich regelmäßig weiterbilden, um das erforderliche Know-how für die anhängigen Aktivitäten zu entnehmen. Ihre Positionen sind nicht nur besonders gefragt, sie lassen berechtigterweise viel erhoffen. Lernprozesse verändern ganze Systeme. Deswegen gibt es eine Verantwortung zur Information. Wer trägt diese? Wie könnte sie erfolgen? Die Begleitung durch Coaching ist ein wesentlicher Bestandteil des Modells. Ohne den Background der Verbesserung wird es die Spitzenleistungen nicht geben. Der Manager in einem komplexen System, der sich selbst coacht, ist eine lachhafte Karikatur seiner selbst.

Und dann stellt sich noch die Frage, was Burn-out heißt. Wenn überforderte Manager unbewusst nicht mehr Herr der persönlichen Situation sind, mündet ihre Erschöpfung nicht selten in Wut, dargestellt in überkochtem Aktionismus. Oder sie fallen in Apathie, in eine Art von Müdigkeit, die kein Interesse mehr am Unternehmerischen erlaubt. Um derartige Krisen im Persönlichkeitsbild zu bewältigen hat Corporate Fitness-Management in den Firmen Einzug gehalten. Wellbeing-Programme sind für das Wohlergehen des Personals und damit auch der Unternehmen unverzichtbar. Sie kurbeln die individuelle Performance an und steigern die physische und mentale Funktionsfähigkeit der Mitarbeiter.

Bereits beim Recruiting sollte zusätzlich zur

psychischen Persönlichkeitsstruktur auf die physische Robustheit geachtet werden. Beide gehen Hand in Hand und sind kein Nebenwert, eher ein Hauptwert, der vorrangig überprüft gehört. Das physische und kognitive Erleben zu fördern, zählt zu den grundlegenden Aufgaben eines Personality-Coaching. Die Manager werden dazu gebracht, Stärke in ihre Projekte zu legen und sich in dieser Aufgabe wohl zu fühlen.

Was sind die effizienten Services im Personal-Management? Die Führungskräfte der Unternehmen sind über die verschiedensten Informations-Tools mit der Zivilgesellschaft verlinkt. Ihr persönliches Image und das des Unternehmens prägen die Abläufe. Also wird ein Durchsetzungsvermögen gefragt sein, das strapazierfähig ist. Mit gezielter Einflussnahme stärken die Akteure den gegenseitigen Respekt, die Integrität, den Teamgeist und das nötige Bewusstsein zur Verantwortung. Damit vermögen sie auch, positive Anreize in die Projekte ihres Unternehmens einzubringen.

Folglich sollten auch die mentalen und emotionalen Charakteristiken ständig auf dem Prüfstand stehen. Von ihnen hängt die Qualität der zu bewältigenden Interaktionen im Geschäft ab. Flexible Organisationen beanspruchen zudem eine ständige Job-Rotation. Nicht die Festigung eines Arbeitsplatzes und nicht die Präsenzzeiten werden honoriert, sondern die Projekt-Leistung. Der Tätigkeits-Mix erfordert eine straffe Steuerung der Kompetenzen. Die kraftvolle Erfahrung kennt keine Grenzen.

Die Erfolgsintelligenz wird unabhängig vom Alter auf einer gut fundierten Ausbildung aufgebaut und minutiös weiterentwickelt. Mit einer guten Weiterbildung der Mitarbeiter wird die Produktivität der Betriebe gesteigert. Ist die Verbesserung der Fertigungs- oder Marketingprozesse auf das persönliche Engagement zurückzuführen, löst dies unerwartete Erfolgsergebnisse bei den einzelnen Personen aus. Außerdem bringen es die ausgebauten Qualifikationen zuwege, den einzelnen Mitarbeitern Lohnerhöhungen auszuzahlen und gleichzeitig dem Unternehmen durch Steigerung der Produkt-Qualität eine prozentuale Senkung der Gesamt-Lohnkosten einzuspielen. Es ist der beste Weg, die Vorzüge der Unternehmen so zu nutzen, dass sie in der inneren Struktur eine produktive Wirkung erzielen.

Leicht entbrennt die Diskussion darüber, wie die Lohnsituationen zu bewerten sind. Es wird einiges davon abhängen, wie die Infrastruktur im Umfeld beschaffen ist. Daher wird man auch die Integrierung der IT-Prozesse in die Produkt-Segmentierung und in die Berechnung der Profitabilität beachten. Inwieweit und in welcher Zeit diese Bedingungen optimierbar sind, hat auch einen Einfluss auf die vorteilhafte Internationalisierung des Geschäfts.

Welche Assessments bringen die großen, aber auch die mittleren und kleinen Unternehmen nachhaltig auf Vordermann? Was macht das Coaching in den neu konzipierten Abläufen aus? Mit den Trends und Ideen von morgen werden alle nur gemeinsam zurechtkommen. Jedes erfolgreiche Unternehmen wird Globalisierung, Nachhaltigkeit und ökonomische Sicherheit in irgendeiner Form abbilden. Wozu sonst werden die Qualifikationen in der Personalpolitik beobachtet? Es gilt festzustellen, wer die Projekte konzipiert, wer sie koordiniert, wer sie steuert, wer sie evaluiert.

Manager und Unternehmer können von Leistungssportlern in puncto Trainingsvorbereitung einiges lernen. Eine der entscheidenden Fragen ist, wie man ein Team begeistert, ohne dauernd auf Anweisungen gebunden zu sein. Letztlich leitet sich alles aus einem professionellen Aufbau ab. Der Wechsel der Gangarten, die Mischung aus Spannung und Entspannung werden ihren Effekt zeigen. Nur wer es schafft, seine Fähigkeiten im Team durchzusetzen, wird obsiegen. Es geht schon auch ums Kämpfen. Wie es so schön heißt, man kann gewinnen oder verlieren, wer nicht kämpft, hat schon verloren.

Im Management wie im Sport ist es ungeheuer wichtig, Spaß am Thema zu haben. Ohne Freude bleibt der Erfolg aus, ohne mentale Identifikation wird nichts Neues geschaffen. Mit welchem Elan wird also an das Change-Management herangegangen? Es ist vonnöten, dass in allen Sparten des Managements, auch in der des Personal-Marketings Globalisierung als eine Chance begriffen wird. Die Weltwirtschaft wird den Zuwachs an allgemeinem Wohlstand zurückstrahlen.

Es darf nicht bei Lippenbekenntnissen bleiben. Die Verantwortung aller Beteiligten ist groß. Restrukturierung erfolgt nicht nur in der Digitalisierung des Organisations-

Apparates, sondern auch im Aufrüsten der Basics von Befähigungen. Das moderne Personal-Management hat die Aufgabe, in den verschiedensten Kompetenzbereichen die Fähigkeiten und Fertigkeiten der Mitarbeiter zu stärken. Das ist oft mühevolle Detailarbeit.

3. ZUGRIFF DES MANAGEMENTS

Das spektakuläre Management der Zukunft erregt Aufsehen. Die neue Management-Epoche bekommt langsam aber sicher ein neues Gesicht. Die zwingenden Nutzenaspekte sind kein „l'art pour l'art". Letzteres gehört in die Kunst, nicht in die Wirtschaft. Gutes Managen braucht Begabung genauso wie ökonomische Geschicklichkeit, die auf Kompetenz, Qualifikation, Können und Stärke aufbaut. Ein Management ohne Bewegung ist nicht zielführend. Globale Präsenz und Innovation sind die mobilen Bestimmungsgrößen. Die Indikatoren zeigen die Grenzgänge auf und verschaffen permanent Einblick in die Möglichkeiten der Veränderung.

Performance nur vorzutäuschen, ist einfach zu wenig. Je grösser die unbekannten Variablen in einem System sind, umso eher gerät es außer Kontrolle. Wer auf Leistung ausgerichtet ist, hinterfragt, wo der Mehrwert liegen könnte. Im gesellschaftlichen Kontext haben Manager/innen zu berücksichtigen, wo die Zufriedenheit, die Gesundheit, der Wohlstand, schlechthin wo der Sinn des Aktionismus liegt. Die Verhaltensstile brechen auf. Wenn die Analytik fehlt, kommt es rasch zu sozialen Pathologien.
Es ist eine interessante Zeit an den Märkten,

umso mehr als sich vermehrt ethische Aufgaben aufdrängen. Da dürfen Manager nicht bremsen. Wie rudert man gegen die Verbesserungsresistenz? Check-ups geben neue Denkanstöße. Zertifizierungen sind dazu da, dass die wesentlichen Argumente nicht abgewürgt werden. Sie sind die intelligenten Stützen in Kommunikation und Management. Vor allem dürfen sie nicht von der Politik, vom Staatsapparat oder sonstiger öffentlicher Institutionen vereinnahmt werden.

Verlagern sich die Kontroll-Aufgaben auf Einflussnahmen der Politik, ist die freie Marktwirtschaft in Frage gestellt. Die Beschleunigung des Fortschritts kann nicht staatlich reguliert werden. Bei der organisierten Planwirtschaft bleibt von der unternehmerischen Freiheit wenig übrig. Wohin das im vorgegaukelten besten Falle führt, zeigt der Staatskapitalismus Chinas. Die ethischen Belange bleiben ebenso auf der Strecke wie die Möglichkeiten des Turnarounds, da den Unternehmen die Flexibilität genommen wird. Rigorose Zwangsmaßnahmen verursachen viel Bürokratismus und entkräften die Betriebe. In weiterer Folge schießt die Verschuldung in die Höhe. Wenn auch vorübergehend immense Prestigeerfolge mit politischem Hintergrund propagiert werden, mit Nachhaltigkeit sind sie inkompatibel.

Etwas anderes macht Controlling in der freien

Wirtschaft aus. Richtig angewandt setzt es die Akzente auf Produktivität und Weiterentwicklung. Wenn es mit Misstrauen gleichgesetzt wird, entstehen schlechte Szenarien. Die bessere Alternative ist, Kontrolle auf den Ideenreichtum hin zu organisieren. Das wirkt sich auf das übergeordnete System aus. Verantwortung statt Stress ist angesagt. Evaluierungen rufen zu den bahnbrechenden Veränderungen im internationalen Vergleich auf. Sie stacheln zu unternehmerischen Tätigkeiten an und provozieren zu neuen zukunftsbezogen Strukturen. Zertifizierungen zeigen sich als praktisch prozessuale Empfehlungen. Sie stützen sich nicht auf subjektive Meinungen, sondern sind der Output systematischer

Verfahren der Bewertung.

Standardisierte Normen sind, abgesehen von der Anforderung eines Mindest-Levels, nicht vorteilhaft. Oft sind sie der Ausgangspunkt für eine bürokratische Steifheit. Die dynamische Zertifizierung bewertet die Qualitätsfähigkeit der unternehmerischen Funktionen und der Prozesse. Sie ist nie final abgeschlossen. Aus den fachgerechten Informationen schließt man auf die optionalen Auswahlvorgänge in der Problemlösung. Wie viele positive Entscheidungen, in welchen Zeitabschnitten, mit welchem Impact getroffen worden sind, gehört zur Transparenz. Gefährlich wird das endlose Herumirren im Wald der scheinbar unendlich vielen Möglichkeiten.

Unübersichtlichkeit schränkt die Freiheit der Entscheidung ein. Daher ist es notwendig, Informationen sachgerecht zu vermitteln.

Führungskräfte sind oftmals mit Unwägbarkeiten konfrontiert. Aus diesem Grund lassen die Gewieften unter ihnen möglichst viele Zustände und Einflüsse des Umfeldes prüfen. Ohne durch Wissen und Erfahrung gefestigt zu sein, wirken Entscheidungsträger hilflos. Wer kann es besser? Das verdeutlicht, wie wertvoll Assessments sind. Vorurteile, Assoziationen, selbst Ängste lassen sich nie gänzlich ausschließen. Deswegen ist das Mitwirken von Experten in einem professionellen Coaching so wichtig. Allzu subtil sind die verschiedenen Einflüsse. Nicht jede Option ist auf den ersten Blick glasklar besser als die andere.

Das Management neu denken steht dafür, den Erfolg wegweisend zu konzipieren. Deshalb weisen die Zeichen vorzugsweise auf Change-Management. Nach den langen Zeiten des Wachstum-Fiebers lässt sich ein gewisses Raunen der Rezession verspüren. Auch dieser Trend zur Veränderung wird neue Methoden des Managements beanspruchen. Die Zweckmäßigkeit folgt unstrittig den geänderten Regeln des Zukünftigen. Die Flut völlig neuer Informationen bringt zahllose Tipps an den Tag. Was weiß man bereits von den andersartigen Möglichkeiten und wie optimiert man die gängigen Prozesse? Jedes Stadium der wirtschaftlichen Entwicklung bietet ein neues Management-Know-how. Die Unternehmen lernen, auf die Bedürfnisse der Gesellschaft zu reagieren. Diesen noch ungewohnten Ansprüchen können sich die Unternehmen nicht entziehen. Fast täglich sprießen Vorschläge hervor, wie man sich in den Status der Moderne einloggen könnte. Das neue Nachhaltigkeits-Management umfasst unterschiedliche Funktionen. Viel Interaktivität kommt auf die Unternehmen zu. Was trägt zur Auffindung der zukünftigen Methoden bei? Welcher Aufwand an Ressourcen wird gefragt sein? Nachhaltigkeit erweist sich als ein lernendes Unternehmens-Biotop. Die gemessenen Veränderungen

schaffen neue Strukturen. Sie konditionieren
die Wirtschaft. Alle fragen sich neuerdings,
was zur Ressourcenschonung beitragen wird.
Die Aufgabenstellung ist ganzheitlich zu
sehen. Eile ist geboten, die Ausdrucksformen
der Nachhaltigkeit zu erforschen. Schon
wurde in der vergleichenden Ökonomie
festgestellt, dass sich die Spiralwirkung nach
unten gefährlich darstellen könnte.
Vordergründig sind die Arbeitsplätze
betroffen. Viele Menschen in vielen Ländern
sind mit wachsender Unsicherheit
konfrontiert. Der Abbau von Arbeitsplätzen
bedroht an allen Ecken und Enden den
Globus.

Was passiert, wenn Führungskräfte miserabel

managen oder bei Veränderungsprojekten Inhalte und Timing falsch einschätzen? Oft treffen die Veränderungen die Spitzen des Managements völlig unerwartet. Dann hat es eingeschlagen. Was wird nicht alles in Mitleidenschaft gezogen. Wenn das Top-Management nicht in der Lage ist, rasch umzusteuern, macht sich Unruhe und Sorge nicht nur in den betroffenen Unternehmen breit. Gerüchte beginnen zu kursieren und die Firmen verlieren an Prestige. Die losbrechenden Lawinen lassen sich schwer eindämmen. Abhilfe schaffen neue Leistungsziele, die auch erreicht werden können. Daher muss die Aufgeschlossenheit zur Verbesserung ständig vorhanden sein. Bei wem liegen die Kapazitäten? Denn klappt der vorläufige Turnaround nicht, hilft nur mehr eins: der definitive Schnitt zum totalen Change. Die Aktivierung wird hart erarbeitet.

Wie fühlen sich Manager/innen am Ende der Staffel ihrer Entscheidungen? Manche sind stur in ihre Entscheidungen verliebt. Wenige bemerken die geheimen Fallstricke. Sie sollten akzeptieren, dass die ausschlaggebenden Faktoren miteinander verknüpft sind. Es kommt zum Show-down der Management-Performance. Oft tut man gut daran, einen Tag über die Entscheidung zu schlafen. Die störenden Dissonanzen verflachen, man sieht am folgenden Tag die Zusammenhänge viel klarer.

Und dann gibt es noch die willkommene Gabe der Fähigkeit zur schnellen Entscheidung, wie es die Situation so erfordert. Es ist die Kunst der Spontanität. Innere Stärke wird plötzlich herauf beschworen. Es gelingt, wenn man im Unterbewusstsein von Erfahrungswerten geleitet wird. Die Angst vor dem Versagen darf gar nicht aufflackern. Diejenigen werden diese Kapazität aufbringen, die es im Assessment bereits aufblitzen ließen. Ihr Kenntnisse haben sich so eingeschliffen, dass sie auf hohem Niveau handlungsfähig sind. Vor allem sollten sie frei von Manipulation sein. Sie brauchen unbedingt das Gefühl, das Richtige selbst zu wollen.

Welcher Parcours an Voraussetzungen eines

Top-Managers wird hier durchlaufen? Der Widerspruch zum Fortschrittsdenken zeigt sich dort, wo man auf mangelhaft ausgebildete Führungskräfte setzt. Auf dem Weg zu Spitzenleistungen bedarf es nun einmal des ständigen Trainings der Fähigkeiten und Fertigkeiten. Ein schlimmes Manko liegt in der breitflächig grassierenden Beratungs- und Optimierungsresistenz. Einfache Gemüter glauben, dass die Einmischung von außen nichts außer Kosten bringt. Die irrationale Unbeirrbarkeit führt in die Sackgasse. Die Selbstrechtfertigung zahlt sich nicht aus, die unprofitablen Denkansätze lenken von der richtigen Vorgangsweise ab. Modernes Managen ist nun einmal kein banales Ausfüllen von Zielerwartungen, sondern ist auf Verantwortung ausgerichtet. Heute ist die managerielle Verpflichtung im Commitment zur Nachhaltigkeit definiert. In den Facetten der Ökologie, der Corporate-Social-Responsibility und der Sicherheitsmechanismen sollte Übersicht und Klarheit herrschen.

Was macht sie aus, die bösen Manager/innen? Sind sie wirklich so unangenehm, dass sie argwöhnisch angesehen werden? Sie repräsentieren die verschiedensten Charaktere. Die meisten sind sich der Schwere der Aufgaben bewusst, mit denen sie konfrontiert werden. Möglicherweise ist es der Erfolg, der eifersüchtig macht. Wo findet man nun die

guten und die schlechten ihres Genres? An
anderer Stelle wurde bereits festgestellt, dass
es die Ausbildung ist, die die Grundlage
bildet. Dazu kommt die Art und Weise, wie
Erfahrungen gemacht und verarbeitet
werden. Die Summe aller Facetten führt zur
Optimierung der Kreativitätsvorgänge. Wo
kommen sie sonst her, die Konzepte, die zu
den notwendigen Veränderungen führen?
Wie werden die Aspekte eingebaut, die das
Erstrebenswerte anpeilen?

Absichten und Pläne lassen sich realisieren,
wenn die Gedanken, Einstellungen und
Gefühle übereinstimmen. Letztere sind auch
im Management nicht zu verachten, weil sie
die Sicht auf die generellen Dinge aufhellen.

So werden die Sphären der Wirtschaft mit den Ansprüchen der Gesellschaft verkoppelt. Das Publikum ist dankbar, wenn die Bestrebungen in Einklang fließen. Es bewährt sich, wenn Zustimmungen, Wünsche und Absichten klar ausgesprochen sind. Um sich nicht im Nebulosen zu verlieren, ist natürlich eine gekonnte Analytik die Voraussetzung. Denn erst die logische Analyse stärkt das Vertrauen auf die Entscheidung.

Wer entscheidet, braucht den Zuspruch der gefühlten Richtigkeit des Machbaren. Die Ausführung wird durch ihre Sinnhaftigkeit und Plausibilität bestätigt. Geht es an die Durchführung, wird es klar, dass es nicht so einfach ist, das Erdachte auch umzusetzen.

Für die Unternehmen wird die Netzwerkkultur zum Verstärker in der Begleitung der Konsumenten sein. Wenn sich die Bedürfnisse ändern, tun es auch die Märkte.

Der Zweck der Digitalisierung besteht nicht darin, dass Manager nur mehr so tun, als ob sie eine Aufgabe stereotyp ausfüllen würden. Rein digitalisierte Automatismen bringen noch keine Aufdeckung der Hintergründe von Marken. Der digitale Rhythmus muss mit individuellen Vorstellungen gefüttert sein, dann macht er auch Sinn. Sowohl der Werkzeugmeister des digitalen Spektrums als auch der Fachmann im Cockpit des Unternehmens sind gefordert. Diejenigen, die sich um Strategien, Geschäftspolitik und Ziele kümmern, treiben die Kommunikation und Information voran, während die Informatiker die Netzwerke handhaben. In der gegenseitigen Vervollständigung erwecken sie die Effizienz, die das Unternehmen braucht. Sobald die Gründe des Wandels begriffen sind, wird auch folgerichtig reagiert. Die taktische Umsetzung ist nicht weniger wichtig als die strategische Leitung.

Vernünftigerweise ergänzen sich beide, wollen sie auf die Geschäftsergebnisse einwirken.

Kurzfristige Entscheidungen werden spontan getroffen. Werden sie intuitiv getroffen, sind die vorhandenen Gefühle hoffentlich mit

Wissen und Erfahrung gefüttert. Die psychologischen Wissenschaften untermauern, dass Intuition ein wichtiger Teil von Bildung ist: „Wer auf seinen Bauch hört, nutzt in Wahrheit auch sein Gedächtnis". Das Bauchgefühl ist absolut keine automatisierte Gabe. Es ist die Fähigkeit, in die verschiedenen Sichtweisen die persönliche Stimme einzufädeln, die auf Wissen, Können und Vertrauen setzt. Sie stimmt zu oder wehrt sich. Sie gibt die beherrschenden Empfindungen wieder, um das Entscheidende zu tun. Sie wurde lange genug trainiert. Der resultierenden Empfindung sollte man trauen. Der Effekt liegt in der oft rasch verspürten Reaktion auf den inneren Ansporn. Nach allem Überlegen wird letztlich mit den Sinnen empfunden. Nur wenn sich der Denkfehler sofort durch negative Signale manifestiert, ist ein rasches Umschwenken notwendig. Auf alle Fälle darf kein „Vielleicht" aufkommen. Dies tut weder dem Bauchgefühl noch der Gedankenkette gut.

Wenn sich das punktuelle Taktieren und die langjährige Vorbereitung die Waage halten, brauchen weder Niederlage noch ein unvorhergesehener Totalabsturz gefürchtet werden. Das Wissen über die strategischen Positionen gibt den Ausschlag. Die Grenzen liegen dort, wo der Misserfolg droht. Inhaltlich geschieht das dort, wo unterschiedlichste Interessen hart aufeinander prallen, wo sich Skepsis breit macht, wo unbegründetes Zaudern Einzug hält, wo der Einfluss von außen unkontrollierbar wird. Das Systemische ist auch in der Intuition vorhanden, zumindest im Hintergrund. Ob nun groß angelegte Entscheidungsfindung oder intuitive Prozesse im Spiel sind, Managen heißt sich mit fachlicher Eignung und mit allen verfügbaren Kräften für die Sache stark zu machen. Es kommt also darauf an, dieses Potenzial richtig einzusetzen.

4. STRATEGIE-ZÜNDUNG

Welche Merkmale eines Unternehmens sind gewinnverdächtig? Es sind in erster Linie die grundlegenden Strategien, die das Innovative fördern. Strategie schlägt Zufall. Strategie, Planung und die daraus resultierenden Handlungen sind von den ursprünglich gedachten Zielsetzungen bestimmt. Dabei werden alle möglichen Dynamiken eines Systems genutzt. Sie beeinflussen sich gegenseitig. Aber stets werden die Detailthemen von den Makrothemen abhängen. Also geht die Planung mit ihren Leitlinien aus dem Makrobereich auf die zu erwartenden Konsequenzen in den Details zu. Die Leitfäden, somit alle Strategien und Pläne sind schriftlich festzuhalten.

Es gibt eine Fachgruppe, die bestrebt ist, die jeweils bestmöglichen Lösungen zu identifizieren und zu empfehlen - es sind die Consultants. Die Akteure im Unternehmen peilen ihrerseits vehement die von ihnen selbst gesteckten Ziele an und geben ihr Bestes, diese gewinnbringend zu erreichen - es sind die Manager. Beide Funktionen sind auf den letzten Stand der spezifischen Methoden angewiesen. Hinzu kommt der Faktor Zeit, der auf seine Produktivität hin ausgereizt wird. Die Spielzeit eines Projekts ist begrenzt. Die Barrieren sind wegzuräumen, um weiter zu kommen. Bereits in den Vorentscheidungen hilft die Digitalisierung bei der Beschleunigung der Vorgänge. Es wird schneller herausgefunden, welche Kräfte auf den Kritischen Pfad des Netzwerkes der Entscheidungen Einfluss haben. Allerdings darf die ökonomische Tätigkeit nicht in den Teufelskreis der Nichtakzeptanz geraten. Einmal ins falsche Fahrwasser geschlittert, ist es schwer, wieder herauszukommen. Das zieht den totalen Umsturz nach sich, der schmerzlich sein kann. Der Wiedereintritt in die Normalität des Business ist enorm schwer.

Um die Empfindlichkeit der Gegebenheiten zu begreifen, stehen besondere Instrumente zur Verfügung. Man denke nur an die spieltheoretischen Ansätze oder an die verschiedenen Formen der Quadranten-Matrizen. Sie haben ihre absoluten Vorzüge und brauchen nur in die Hand genommen zu werden. Verzichtet man auf sie, kommt es dem Unterfangen gleich, einen Kreis ohne Zuhilfenahme eines Zirkels zeichnen zu wollen. Mit unterschiedlichen Fertigkeiten gelingt es, die verschiedenen Teilbereiche eines Projektes parallel zu bearbeiten. Voraussetzung ist die präzise Zusammenfassung der Absichten und ihrer Zuordnung in die Organisation. Fehlen bestimmte Charakteristika, wird jegliches

Investment sinnlos.

Die Gesamtheit der unternehmerischen Merkmale darf die eigenen Regeln nicht missachten. Zu ihnen gehören die Unternehmens-Identität, die Unternehmens-Kultur und das Unternehmensbild. Die Corporate Identity ist unbedingt vor den Bedrohungen der Unzulänglichkeit zu schützen, die von außen propagiert werden. Crashes, welche die Schicksale einzelner Personen bis hin zu denen ganzer Unternehmen bedrohen, sind zu verhüten. Auch die Bedeutung der Prinzipien einer Corporate-Culture darf nie unterschätzt werden. Hält man an ihrer Verwirklichung fest, ist schon der Großteil der anstehenden

Probleme gelöst. Ihre Missachtung hat die deutsche Automobilindustrie in jüngster Vergangenheit deutlich zu spüren bekommen. Aus der manchmal definitorischen Hilflosigkeit in Unternehmungen hilft grundsätzlich das Konzept einer ausgeklügelten Corporate Identity.

Welche Sorgen stehen auf der anderen Seite des Business, nämlich bei den Konsumenten? Was erwartet nun die Gesellschaft von den Managern? Wie wirken sich die neuen Situationen auf das Kauf- und Investitionsverhalten aus? Gibt es aus Sicht der Konsumenten überhaupt noch lohnende Anlageformen? In Zukunft werden es die

Unternehmen mit seriösen Nachhaltigkeitskonzepten sein, die zu den sicheren Partnern zählen. Im Zusammenhang mit Committments, Corporate Culture und ihren Ratings werden die verschiedenen akzeptablen und unannehmbaren Abhängigkeiten ins Visier genommen. Da darf es keine Verschleierung geben.

Mancherorts ist die Produktentwicklung von vornherein auf Schaden ausgerichtet, weil die Strategen des Unternehmens in erster Linie den Eigennutz im Geschäft sehen und dabei die gesellschaftliche Gesamtheit missachten. Es tut weder dem Markt noch den einzelnen Unternehmen gut, sich ausschließlich auf sich selbst zu fokussieren. Oft sind es einige wenige strategischen Schwerpunkte, die das Prestige ausmachen. Ist die notwendige Systematik eines nachhaltigen Managements nicht gewährleistet, lässt sich keine gute Praxis verwirklichen. Wie es darum steht, will die Unternehmensführung und auch die Öffentlichkeit wissen.

Eine positive Strategie hat ihre Charakteristiken. Diese gilt es herauszustreichen, an ihnen muss gefeilt werden. Reformen und Turnarounds entstehen nur aus einer positiven Einstellung. Das laufende Überprüfen der dazwischen liegenden Stadien ist eine Selbstverständlichkeit. Die Gesamt-Architektur darf dabei nicht vernachlässigt werden. Der richtige Modus wird gefunden, wenn man am ständigen Verbessern interessiert ist. Barrieren, Untiefen und Abgründe gibt es genug, die es zu überwinden gilt. Und der Kollaps ist keine Schimäre. Er droht vor allem dort, wo die Risiken nicht richtig eingeschätzt wurden. Dies gilt für ganze Volkswirtschaften genauso wie für einzelne Unternehmen. Der Spielwitz des Managements müsste von vornherein umfassend und vielfältig darauf ausgerichtet sein, Chancen und Risiken gekonnt abzuwägen. Er sollte auf der psychologischen Fläche eines Unternehmens nicht nur zum sturen Abarbeiten animieren, sondern auch Spaß bereiten, Spaß am Tun und am Erfolg.

Die klare Formulierung von strategischen Positionen gibt den Unternehmen Kraft. Turbulenzen könnten mitunter sogar Hoffnungsaspekte für die Zukunft bilden. Die Künste des strategischen Marketings sind nicht auf die großen Konzerne beschränkt, sie kommen auch den mittelständischen Unternehmen zugute. Sie werden sich auf das Internationale Marketing, auf den operationellen Mix inklusive der Distribution berufen. Professionelle Orientierungshilfen werden gebraucht. Die langfristigen Konzepte machen sich genauso wie die kurzfristigen Reaktionen bezahlt, wenn sie professionell durchgeführt werden.

Wenn Abweichungen rechtzeitig erkannt

sind, können die Kategorien des Nutzens gut modelliert werden. Das ganzheitliche Marketing gestaltet dann den Überblick über das, was zu tun ist. Portfolios und Erfahrungskurven sind geeignete Instrumente, um den Prozess in den Griff zu bekommen. Sie helfen, die Bedürfnisse am Markt auf die Fähigkeiten der Unternehmen zu projizieren. Das können sich im Tagesgeschäft nicht alle Akteure so ohne weiteres leisten. Deswegen ist die Verbindung zu einem effizienten Coaching dringend notwendig.

5. NACHHALTIGKEITS-MANAGEMENT

Die brennende Frage ist, wie schmeckt Nachhaltigkeit dem Management? Und wer verursacht das Negative? Welche Unternehmen interessieren sich für Nachhaltigkeit? In vielen Commitments gibt es viel Nichtssagendes, wenig Authentizität. Es darf kein Poker werden, wie im globalen Rollenspiel argumentiert wird. Themen, die heute bewegen, verlangen, dass auch Zeit für die tiefer liegende Performance in Anspruch genommen wird. Umweltschutz, soziale Gerechtigkeit und Sicherheit sind längst keine leeren Schlagworte mehr, die den Markt beschäftigen.

Was Nachhaltigkeits-Indizes proklamieren, ist die Einsparung stofflicher Ressourcen, die Verbesserung der Energieumwandlung, die Verringerung des Energieverbrauchs und die Entfernung von belastenden Stoffen. Die gedankenlose Ausbeutung der nicht erneuerbaren, aber auch der anderen Ressourcen, kann in der gegenwärtigen Alarmstufe zu einem Problem werden. Die permanent unreflektierte Explosion des Konsums sollte ihren vulkan-eruptiven Charakter verlieren. Das gesamte Wirtschaftssystem, inklusive der Konsumenten, ist verpflichtet, die Wege zur Stabilisierung der Situation zu ebnen. Die Netzpläne werden den Pfad des grenzenlosen Wachstums im klassischen Sinn aufgeben müssen. Es wird absolut notwendig sein, eine ausgewogene Balance zu finden.

Die Attraktivität der Programme steht im Mittelpunkt des Interesses sowohl der Unternehmen als auch der Konsumenten. Im Projektmanagement wird vieles vom wirtschaftlichen Zeitwohlstand mitbestimmt. Die Führungs-Techniken sind nicht irgendwelchen rätselhaften Anwandlungen unterworfen. Die Leitlinien finden sich in den definierten Merkmalen der Unternehmen. Die Konzepte dürfen nicht an wahllos aufscheinenden Modeerscheinungen festgezurrt werden. Das Management muss sich dessen bewusst sein, worauf es seine Aufmerksamkeit konzentriert. Ihm obliegt es, die Akzente zu setzen.

Es macht keinen guten Eindruck, die Klimadebatten und die ökologischen Herausforderungen zu umschiffen und schließlich zu ignorieren. Das Vorzeige-Unternehmen der Zukunft wird sich durch Best-Practice im verantwortlichen Managen auszeichnen. Die Öffentlichkeit sieht sich immer mehr mit den Kategorien der Wertesysteme von Unternehmen konfrontiert. Sie könnte ja beachten, ob das Management dem eigenen Commitment gegenüber den Grundüberzeugungen folgt oder ‚über Leichen geht'. In vielen Branchen auf der Welt werden Menschen sowie die Umwelt aus Gründen der kurzfristigen

Gewinnmaximierung ausgebeutet.

Manager, Analysten und die Zivilgesellschaft stellen die Fragen rund um die Werte in den Vordergrund. Wie gestaltet man die Handhabung? Zunächst werden die definierten Grundaussagen angepeilt, um dann ihre Verwirklichung zu überprüfen. Dieser Vorgang wird Positionierung genannt und ist in sämtlichen Folgen der Planung verankert. Die Effekte richten sich nach den Prämissen, die einkalkuliert werden. Die Zugänge zu den Alternativen werden durchleuchtet, um im konstruierten Vergleich den ausgewiesenen Output zu bewerten. Neue Technologien erleichtern das Monitoring. Auch in der Nachhaltigkeit heißt das Zauberwort Digitalisierung. Sie ist das Mittel zum Zweck, nicht der Zweck selbst. Die wirtschaftliche Ausrichtung ist es letzten Endes, die bestimmt, welcher Mittel man sich bedienen soll. Die digitale Technik spielt mit in den Interaktionen zwischen Unternehmen und Konsumenten, in den unternehmensspezifischen Kooperationen und in der Prozesssteuerung von Marketing und Controlling. Sie erleichtert die Abwicklung der Kommunikation.

Business-Sicherheit geht nicht ohne Zuverlässigkeit der Commitments. Werden diese nicht beachtet und dennoch Gewinn lukriert, ist der Tatbestand der Korruption fast schon evident. Laut Lasswells Definition ist Korruption „der destruktive Akt der Verletzung des allgemeinen Interesses zu Gunsten eines speziellen Vorteils". Solche in der Wirtschaft begründeten Unwegsamkeiten lassen sich messen. Aufgrund von Committment-Messungen dürfen sich korrumpierte Praktiken, als zum Wohle der Unternehmen getarnt, nicht mehr bezahlt machen. Die Ratio des Monitoring mündet letztlich darin, dass die öffentliche Meinungsbildung den Konsum beeinflusst. Versteckte Zustände in Unternehmen, die der Öffentlichkeit neu sind, werden nach außen emittiert. Sie werden in empirischen Verfahren gecheckt und dann der Welt des Konsums überantwortet. Das Monitoring hat die Aufgabe, Lücken auszumachen, die

Chancen oder auch gefahren bedeuten können. Dies entspricht dem Prinzip einer nachhaltigen Markt-Transparenz.

Die Alarmstufe-Rot in der Corporate-Culture ist meist auf den Leichtsinn von Unternehmens-Planern zurückzuführen. Der Erfolg und das Überleben von Unternehmen hängen an der Qualität der Planungs-Mechanismen. Sie unterliegen einer ständigen Kontrolle, denn es geht nicht mehr auf „gut Glück" so weiter. Dann kann auch ein ‚Plan B', der den Spagat zwischen dem Unmöglichen und dem Produktiven schafft, Klasse zeigen. Wenn Unternehmen den Nutzen der Nachhaltigkeit erkannt haben, wird es im Gewinn widergespiegelt. Den

Konsumenten zeigt sich das Unternehmen in seiner globalen Verantwortung und stärkt dadurch seine Selling-Position. Eine derart konzipierte Innovationskultur schafft Wettbewerbsvorteile. Die Produktivität ist mit Nachhaltigkeit absolut kompatibel.
Darauf setzen die modernen Unternehmens-Strategien. Damit erhält die Dimension der Nachhaltigkeit einen völlig neuen Stellenwert. Die Thematik zu romantisieren wird nicht ausreichen. Der Nutzen ist erst gegeben, wenn die kreativen Reize aufgenommen und weiter verarbeitet sind.

Die Finanzen sind grundsätzlich der Richtungsweiser der unternehmerischen Abhandlungen, jedoch ist Geld im

Management des 21. Jahrhunderts nicht der Endzweck von Strategien. Selbst in der Börsenwelt haben die Bilanzen des Gemeinwohls Einzug gehalten. Die besten Geldanlagen sind die nachhaltigen geworden. Die Maßstäbe werden neu gesetzt. Und dennoch zeigt sich die Kaltschnäuzigkeit noch in den Hasardspielen um den höchsten Gewinn. Ein auf Abwegen erreichter Profit wird sich aber als sehr fragil erweisen.

Abträglich ist das Beispiel der schwach überdachten Chinageschäfte. Sie werden sowohl volkswirtschaftlich als auch mikroökonomisch ihre Folgen haben. Die Interaktionen mit chinesischen Geschäftspartnern dürfen sich nicht auf das kulturelle Know-How oder auf den Verhandlungs-Knigge beschränken. Sie haben im wirtschaftlichen Agieren das jeweils globale Commitment mit einzubeziehen. Nicht alle Schieflagen in den Wirtschafts-Beziehungen sind tolerierbar. Klar definierte Unternehmensstrategien könnten sicherlich einen Einfluss auf die Einhaltung von Menschenrechten ausüben. Unsichere politische Zeiten sind genauso ins Geschäfts-Kalkül zu ziehen wie die erwarteten Unternehmensresultate.

Das Finanzierungskapital geographischer Segmente kann tatsächlich gegeneinander ausgespielt werden. Ohne Finanzierung ist die Produktivität der Realwirtschaft soundso gering. Inkonsequentes strategisches Verhalten führt möglicherweise zu einer neuen globalen Machtverteilung, die nicht von allen so gewünscht wird.

Großinvestitionen fremder Mächte nehmen eine besorgniserregende Größe an und greifen auf das westliche Know-how unbarmherzig zu. Der chinesische Staat hat sich schon lange das von ihm überwachte Volk unterworfen. Was ist zu erwarten, wenn die Beschattung der Menschen sich dank der Vernetzungen auf Europa ausweitet? Sarkastisch verwendet die chinesische Politik den verhängnisvollen Grundatz: „Divide et impera", „Teile und herrsche" auch in der Geschäftswelt. Der Anspruch auf den Status einer globalen Großmacht ist mit der globalen

Militärstrategie verkoppelt. Wie verhält sich die westliche Industrie dazu? Unternehmen gerade in Europa sollten aus ihrer Identität heraus Einigkeit demonstrieren. Es wird deutlich, wie Nachhaltigkeit und Business-Effizienz zusammenhängen. Die neuen Herausforderungen zeigen auf, dass die Konsumenten wenig Verständnis für ein Management-Versagen irgendwelcher Art haben. Somit darf die konstruktive Kontrolle nicht wegfallen.

Der Blick schweift nach Latein-Amerika. Wie verhält sich die Wirtschaft angesichts der Turbulenzen, wo der für die Elektromobilität wichtige Rohstoff Lithium vermarktet wird? Kümmert sich die westliche Forschung – und

wie intensiv - um mögliche
Alternativtechniken? Auch das gehört zum
globalen Denken. Ist die Umweltzerstörung
in Südamerika mit ihren weltweiten
Konsequenzen so einfach zu ignorieren?
Womit wird der westliche Wohlstand
erkauft? Auf welche Partnerschaften wird
gesetzt? Das Verständnis der
Zusammenhänge ist aufzudecken und
dementsprechend zu kommunizieren. Wird
die Information verabsäumt, liegt schon darin
der wahrscheinliche Misserfolg begründet.
Kurzum, der Entwicklungs-Prozess eines
Unternehmens ist breit gefächert.

Wie könnte man sich die angemessene
Herangehensweise an bedeutende Projekte

vorstellen? Empfehlenswert ist der interdependent koordinierte Ansatz. In Zukunftskonferenzen werden zunächst die diversen Problemelemente rational herausgeschält. Die magischen Momente der ‚Fulguration' fördern die Wahrnehmungen für neuartige Konsequenzen. Diese von Konrad Lorenz in der Verhaltensforschung verwendete Bezeichnung für das plötzliche Entstehen neuer Eigenschafen in komplexen Systemen, findet auch ihre Anwendung im Problemlösungsbereich der Wirtschaft. Als Muster dient das fließende Element des Fortschritts. In dieser Phase entstehen die Tipps zum Auftritt des Change-Managements. Plötzlich tauchen hochwertige Ideen aus dem Verborgenen auf. Es sind oft noch unvollkommene Gedankengänge, recht

unkomplizierte Vorgänge, die

dahinterstecken, jedenfalls kein Hokuspokus.

Es ist der Blick auf das Wesentliche, der das

Ergebnis optimal erscheinen lässt. Es bleiben

genug Vorhaben, die sofort in die Tat

umgesetzt werden können. Viel kann gerettet

und Gewinnträchtiges geschaffen werden.

Der nächste Schritt wird auf die Treppe des

Ratings gesetzt. Die Ergebnisse erfassen alle

möglichen Perspektiven von Geschäftsplänen.

Nach der Bewertung steht die Entscheidung

an. Die Umsetzungs-Energie setzt auf die

Rationalität der Methoden. Jede

Halbherzigkeit ist zu vermeiden. Sind die

Risiken identifiziert und ein Ergebnis

abrufbar, ist es geboten, den nötigen Mumm aufzubringen und die Maßnahmen zur Umsetzung anzukurbeln. Die realen Vorgänge bestimmen den Ablauf. Interpretationen des Zweifels dürfen da nicht querschießen, sonst ist der Erfolg auf ein Minimum reduziert. Das Umfeld von Zukunftsentscheidungen wird immer ein unsicheres sein. Trotzdem könnten in den Entscheidungsfindungen die gebotenen Chancen selbstbewusster genutzt werden. Dafür hat jedes Management zu sorgen, besonders in den unangenehm angespannten Lagen. Es wäre ein Fehlschluss, davor zurückzuschrecken.

6. EVALUIERUNGS SYSTEME

Ökonomische Entgleisungen passieren dort, wo keine gut fundierten systemischen Schienen die Route bestimmen. Für den Profit ist neuerdings entscheidend, zu welchem Zweck Geschäfte getätigt werden. Visionen geben zunächst die Richtlinien sowohl für die Corporate-Identity als auch für die Strategien vor. Wenn es an die Umsetzung geht, werden die Funktionen bestimmt, die regelmäßig gewartet werden sollen. Wie es um sie steht, zeigen die spezifischen Variablen der Unternehmensstruktur auf. Irgendwann ist es erforderlich, dass sich das Management für seinen Erfolg oder Misserfolg rechtfertigt, auch vor den Konsumenten. Die Verantwortungen werden nachdrücklich hinterfragt.

Rating bildet sich nicht durch Voting, es ist eine Schlussfolgerung des Evaluierens. Es ist kein Abzählen von Meinungen, sondern besteht in der rationalen Bewertung des Faktischen. Was wird aus den aufgezeichneten Gegebenheiten gefolgert? Märkte und Konsumenten werden in ein gemeinsames Konzept gefasst. Entwürfe werden zurechtgelegt, die Möglichkeiten ausgeleuchtet, die Gesamtsituation geprüft. Alle Veränderungen, die einen Aufschwung hervorrufen, haben erst einmal mit einem kleinen Schritt angefangen. Zu Beginn stand die ehrliche und schonungslose Bestandsaufnahme. Sie ist das erklärte Ziel von Messungen. Die Steuerung des Monitoring erfordert, dass die Ergebnisse auf den Radar-Schirmen in regelmäßigen Abständen kontrolliert werden. Denn Evaluierungen sind Bestandaufnahmen, keine linearen Projektionen in die Zukunft. Auf die abgeleiteten Lösungsansätze sollte Verlass sein. Die Kontrolle ist unverzichtbar besonders in Zeiten, da in den Netzwerken noch viel Unbrauchbares veröffentlicht und diskutiert wird. Nutzloses Gerede führt aus dem Dilemma der Gegensätze sicherlich nicht heraus. Die Führungsinstrumente können zusätzlich von außen inspiriert sein. Sie werden über Ideen-Infiltrierung angeregt.

Die Unternehmen gehen neuerdings daran, die Bedürfnisse der Gesellschaft kontinuierlich zu eruieren. Ein systemisch vorbereiteter Start, etwa durch Zukunftskonferenzen, begründet ein lösungsorientiertes Vorgehen. Daraus resultieren unternehmens-relevante Präsentationen. Die Erkenntnisse aus dem Vergangenen sind genauso wertvoll, wie die Aussagen über das zukünftig Mögliche. Die Kombination aus klassischen Unternehmens-Vorgaben und innovativen Ideen bildet eine taugliche Start-Rampe für die managerielle Vorgehensweise.

Was sich bewährt hat, darf erst beiseitegelegt werden, wenn sich die Rahmenbedingungen geändert haben. Alles wird daran gesetzt, den besten Weg zu Verwirklichung der Konzeption eines Unternehmens zu finden. Liefert der Future-Search verwendbare Ergebnisse aus der Evaluierung, wird den Akteuren das weitere Vorgehen wesentlich erleichtert. Sie brauchen sich nur mehr nach den Prioritäten top-down orientieren. Wie gut, dass sich unaufhörlich neue Zeitfenster zum Nachdenken über neue Abenteuer im Change-Management öffnen.

Wohin entwickeln sich die Märkte nach den unterschiedlichen Umwälzungen? Darauf werden sich die Unternehmens-Strategien konzentrieren. Es kommt zu vielseitigen Analysen und zu Schlussfolgerungen. Die unterschiedlichen Strömungen werden den Prozess aktivieren, sodass er fließend auf das Optimum zustrebt. Die Aufarbeitung geht proaktiv auf Zukunft zu. Es wird erwartet, dass sie Resultate erbringt, am besten einen handfesten Mehrwert. Sonst waren Zeit und methodischer Aufwand verschwendet. Die Ergebnisse sollten reichen, neue Kohärenzen zu schaffen. Also weg von der Rolle des Verwaltens einer Firma, hin zur kreativen Wertschöpfung.

Die Wirtschafts-Krisen waren keine Markt-, sondern Systemkrisen. Sie waren auf unzulängliche Führungsarbeit in den unterschiedlichsten Branchen zurückzuführen. Die beste Prävention in den singulären Wirtschaften ist, die Wertschöpfungen stabil zu halten. Das gilt genauso für Zustände nach Krisen, die durch höhere Gewalt entstanden sind. Wenn Manager es nicht schaffen, an den realwirtschaftlichen Verflechtungen teilzuhaben, wird das Absatzvolumen ihrer Unternehmen abstürzen. Panik wird vermieden, wenn ein regelmäßiges Monitoring vorhanden ist, das über die Richtung des weiteren Vorgehens aufklärt. Die Regeln für eine gelungene Unternehmensführung werden neu aufgelegt. Die Führungskräfte aus Wirtschaft, Wissenschaft und Politik sind gefordert, daran mitzuwirken.

Die moderne Wissens-Elite startet gegen die finsteren Schwaden der Fehlinformation. Sie arbeitet sich vor, bis ihr durch Lernen und Erfahrung unvermutete Perspektiven eröffnet werden. Irgendwann ist sie an dem Punkt, die verstrickten Situationen zu verändern. Was sind die Prämissen zur Aufklärung der hoffnungsvollen Konstellationen? Vertikal, horizontal, kreuz und quer verlaufen die Vektoren, deren Schnittstellen zur Schaffung neuer Entwürfe führen. Sie sammeln sich zu Hinweisen, wo es lang gehen könnte. Sie provozieren zur Modifizierung in den Grundfesten der Unternehmungen. Man wird sich unmissverständlich fragen, was die Kernelemente des nachhaltigen Managements sind. Sie gilt es zu verwirklichen. Die realen Verhältnisse am Markt verlangen es.

Nach bloßem Gutdünken lassen sich die Zukunftsaussichten nicht bestimmen. Deswegen bedienen sich Führungskräfte der Methode der professionellen externen Beobachtung. Mit dieser Unterstützung sollten sie ihre Management-Fähigkeiten ausspielen können. Je mehr sie an Zusatzinformationen von außen mitbekommen, desto besser können sie ihre Vorstellungen verwirklichen. Wo erhalten sie aber das Wissen? Beurteilungen kommen ins Spiel und mit ihnen das System der Zertifizierung. Die Bewertung gibt Einblick in die Chancen und warnt gleichzeitig vor den

Bedrohungen einer irregeleiteten Entwicklung.

Wie verhalten sich professionelle Manager im Dickicht der Meinungsirrungen? Auditing heißt „anhören" und kann nicht in Eigenproduktion geschaffen werden. Selbstaudits erlauben kein objektives Benchmarking. In der outgesourcten Bewertung können bestehende und neue Geschäftsmodelle abgerufen werden. Der externe Prüfungscharakter ist deswegen geboten, weil er die unternehmerischen Outputs mit den gesellschaftlichen Erfordernissen in Einklang bringt. Auch die großen Konzerne fügen die professionelle Evaluierung in ihre Tagesordnungen ein. Sie werden die Ergebnisse auch aushalten. Analysten werden zu unentbehrlichen Sparringpartnern der Manager.

Nicht viel anders als in der Gesellschaft laufen die Beziehungen im Wirtschaftsleben quer durcheinander. Über Ratings werden sie konfliktfrei gehalten, denn diese bieten zwar nicht die totale, aber die für Gesellschaft und für Unternehmen notwendige Transparenz. Ohne evaluierende Systeme sind die faktischen Unterschiede zwischen Markt-Realität und Unternehmens-Angeboten schwerlich auszumachen. Die Informationen, die aus den Messvorgängen gezogen werden, dienen als Hebel in den Verwirklichungen der Unternehmenspläne. Sie folgen den

Vorgaben des Benchmarkings. Es werden nicht nur die Programm-Lücken oder Vorteile aufgezeigt, sondern auch ihre Ursachen. Natürlich ergibt sich daraus eine gewisse Spannung. Gleichzeitig werden aber auch gravierende Störelemente bereinigt. Objektivität heißt, korrekt für oder gegen etwas zu sein. Sie fördert das, was Sinn macht und warnt vor dem, was schadet. Der Antrieb im ökonomischen Austausch mit der Öffentlichkeit ist enorm. Er streicht heraus, wer und was für den gerechtfertigten Erfolg zeichnet.

Ratings bewirken den lebendigen Ideen-Austausch mit den Konsumenten. Die User können die Dokumentationen nicht selbst erstellen. Es ist auch nicht ihre Aufgabe. Daraus ergibt sich die Legitimität von Evaluierungen. Sie sind dazu da, überzeugend zu erklären, was geändert werden sollte. Wie soll man sonst herausfinden, ob die unternehmerischen Aktivitäten wettbewerbsfähig sind. Die Ressourcen nach Stärken und Schwächen aufzurastern, bedarf der ununterbrochenen systemischen Überprüfung.

Das Rating der Zukunft wird sich nicht mehr nach dem finanziellen Risiko allein, sondern nach zusätzlichen Wertigkeiten abspielen. Danach werden sich Unternehmen definieren lassen. Nicht allein ihre Marken stehen auf dem Prüfstand, auch ihr Status inklusive aller

Vorgänge, die das Managen betreffen. Alle Artikulationen und Entscheidungen brauchen den guten Ruf und wenn er nur an einer klitzekleinen Innovation hängt. Permanent werden Nachbesserungen nötig sein. Wie sind sie anzugehen? Der Nutzen aus der Entwicklung wird aufzeigen, wie gut die entsprechenden Business-Partner sind. Die Wirkung wird nicht reibungsloserreicht. Auf dem Weg zur Innovation muss man offensichtlich viele Frösche küssen, um einen Prinzen zu finden.

Letzten Endes sind es die Konsumenten, die auf die eine oder andere Art bezahlen. Sie sind gut beraten, sich nicht ausschließlich nach der Tiefe der Preise zu orientieren. Was in der Nachhaltigkeit seinen Preis hat, ist auch zu bezahlen. Der Win-Win-Output ist ausschlaggebend. Die Anbieter brauchen nur das richtige Argument verwenden, um Konsumenten und User in die Mit-Verantwortung einzubeziehen. Was nicht in der numerisch definitorischen Bestimmung begründend dargestellt ist, wirkt unseriös. Unentbehrlich ist die Beratung, ein Vorgang, der die Interaktivität der Unternehmen fördert. Der Work-flow des Projektes ist voll im Gange. Die wertvollen Inputs drängen in die konsequenten Abläufe. Die Beratung schafft übergeordnete Narrative und reizt damit zum Handeln. Das Management übersetzt sie in die definitiven Unternehmens-, Marketing- und Produkt-

Stories. Das Geschäft kommt in Bewegung. Allerdings müssten die Unternehmen die Voraussetzung schaffen, um sinnvolle Checks, Evaluierungen und Assessments in die ökonomische Struktur einzubauen. Nicht das, was nach eigenem Dafürhalten verkauft werden soll, wird die Verkaufs-Strategie ausmachen, sondern was für die Klientel auf dem Spiel steht. Wofür sich die User im Besonderen interessieren, wird zur Richtschnur im Business-to-Consumer-Marketing genauso wie im Business-to-Business-Marketing. Die überzeugende Interpretation von Ratings besteht darin, zu wissen, was die Konsumenten wollen, noch ehe diese sich selbst darüber im Klaren sind.

Irgendwann steht das Leitbild des Unternehmens im öffentlichen Interesse. Dem wird kaum ein verantwortungsvolles Management entgehen können. Das wohlartikulierte Image ist darauf eingestellt, veröffentlicht zu werden. Dann hat es auch die Chance, als gut angesehen zu werden. Nicht nur das Leistungsspektrum der im Umlauf befindlichen Produkte und Dienstleistungen hat Informationscharakter. Auch alles, was an formalem Aufbau, an Ausdruck der Bedürfnisse, an persönlichem Einsatz dahinter steckt, interessiert zunehmend die Öffentlichkeit. Es sind dies die hintergründigen Querverbindungen der Nachhaltigkeit.

Das Management kann schon versuchen, die ursprüngliche Strategie zu ändern. Aber es wäre ratsam, wenn es sich dazu klar erklären kann. Das verlangt, schnelle, aber auch zuverlässige Entscheidungen zu treffen. Die Situation aufgeschlossen zu sehen, läuft nur über ein formulierbares und nachzuvollziehendes Wissens-Management. Wer in den kniffligen Szenarien bestehen will, wird die Entwicklung mit all ihren Veränderungen verstehen müssen. Auf nichts anderes zielt ein ausgeklügeltes Training im Management ab, das auf die phasenbedingten Höhepunkte eines Programms vorbereitet.

Die Einschätzungen problematischer

Situationen werden nicht im elfenbeinernen Turm gefunden. Noch weniger werden dort die notwendigen Entscheidungen getroffen. Der Decision-Making-Process erfolgt in einem offenen Meinungs-Raum. Sollten sich Evaluierungs-Agenturen konkurrenzieren, ist das nicht nur legitim, sondern wettbewerbsmäßig absolut wünschenswert. Möglich, dass dann hie und da Differenzen auftauchen, die aber in der Kernaussage nur geringfügig voneinander abweichen dürften. Die Verfahren aus der empirischen Forschung werden den roten Faden stets erkennbar machen. Sollten dennoch die Resultate allzu sehr auseinanderreißen, ist an der Methode oder an den Unternehmens Konzepten etwas faul. Auch das löst Aufmerksamkeit in der Öffentlichkeit aus.

7. RELEVANZ DES ZERTIFZIERENS

Die Methoden modernen Managements sind
keine rätselhaften Anwandlungen von
erfindungssüchtigen Kreativen irgendwelcher
Think-Tanks. Das Evaluieren wird zur
Kernfunktion in vielen Bereichen der heutigen
Gesellschaft. Für die Welt von Twitter und
Facebook zeigen sich Zertifizierungen
bisweilen noch als Ergebnisse, die bestenfalls
unterhaltsam sind. Das mag daran liegen,
dass es an methodischer Aussagekraft fehlt.
Die mittelmäßigen Versuche treiben im Meer
der Standardisierung umher und stiften unter
Umständen irreversible Verwirrung. Sie
könnten eventuell zu einem Aufstand der

Hintergangenen führen. Es ändert aber nichts daran, dass sie sowohl für den Verlust des ökonomischen Mehrwertes als auch des allgemeinen Werteverlustes mit verantwortlich sind. A la longue werden sich Seriosität und Kompetenz in den Netzwerken durchsetzen.

Zertifikate nach ISO-Normen sind zweifellos in der Welt der Technik unentbehrlich. Dort haben sie ihren bewährten Platz bereits eingenommen. In manageriellen, sozialen oder volkswirtschaftlichen Belangen sind sie allerdings aufgrund ihres Grundsatzes der Standardisierung eher kontraproduktiv. Management wird nie auf eine Norm festzulegen sein. Trotzdem lehnt man sich ab und zu an die überkommenen Arbeitsweisen der Standardisierung an. Bald wurde erkannt, dass diese Prozeduren mit selbsterzeugter Nutzlosigkeit und negativer Erfahrung vollgespickt waren. Fatalerweise werden bei einer Vielzahl der vergebenen Siegel die wichtigen Prüfungsmerkmale der Inhalte ausgelassen. Dennoch verlangen neue Sichtweisen eine unablässige Kontrolle. Professionell gehandhabt kann sie zu Verbesserungen innerhalb des Wirtschaftssystems anregen. Die Verständigung zwischen den Wirtschaftskräften muss natürlich funktionieren. Umbrüche, die aus dem Wissensmanagement heraus verlangt werden, dürfen keine Angst verursachen.

Zudem hat das Anpreisen von national beeinflussten Normen einen höchst zweifelhaften Einfluss auf die Unternehmenssysteme. Die Normenreihe der Staats-affinen Prüfzentren entspricht kaum den Erwartungen von gesellschaftlicher Zuverlässigkeit und Glaubwürdigkeit. Solange sich Zertifikate an den Leitgedanken der nationalen Politiken anlehnen, sind sie für Management-Systeme ungeeignet. Vor allem muss die Wirtschaft auf der Hut sein, sich die Kompetenz des Evaluierens von der Politik wegnehmen zu lassen. Sowohl Unternehmen als auch Konsumenten würden bald zu spüren bekommen, wie sie am Gängelband der öffentlichen Verführungen manipuliert werden. Zu allem Überdruss wäre dann noch die Wettbewerbsfähigkeit der einzelnen Unternehmen massiv eingeschränkt.

Ratings lassen sich vortrefflich mit einem sachgerechten Coaching verlinken. Die besten Zertifizierungen am freien Markt sind individuell modellgestützt. Sie verweisen auf Konstrukte, die zur Aktion und Reaktion der Unternehmen animieren. Warum sollte man sie ablehnen? Selbstverständlich gibt es auch Missbrauch und Irreführung durch Gütesiegel. Die Auswirkungen auf die internationale Nachhaltigkeits-Szene sind fatal. Die Überprüfbarkeit der Evaluierungskriterien steht deswegen noch auf schwankenden Füßen, weil die Grundprinzipien der empirischen

Datenerhebung missachtet werden. Schuld daran ist weniger die bösartige Absicht, als das mangelnde Know-how. Über den Umweg von Gefälligkeits-Gutachten wird das Bestreben um Nachhaltigkeit umspült und demoliert. Die ausgebildeten Empiriker finden sich noch viel zu selten am Markt. Wenn man meint, das sei halb so schlimm, unterschätzt man die schädlichen Nebenwirkungen. Plausibilitätsgutachten bilden ein schwaches Fundament für Unternehmen und verzerren den Ruf der seriösen Expertisen. Welche Form der Evaluierung erzielt die geeignete Wirkung?

Die standardisierten Zertifikate sind nun einmal zu statisch für ein globales

Management. Sie können auf den ständigen Umbruch in den Strukturen nicht eingehen. Die wirtschaftlichen Entgleisungen passieren gerade dort, wo keine systemischen Schienen errichtet worden sind. Es ist an der Zeit, den Reformbedarf der validen Qualitätsbestätigung zu erfüllen. Zertifizierungen über das Management sind Lichtsäulen in der Nachhaltigkeits-Kreativität. Es liegt an den Unternehmen selbst, über Alternativen im Rating- und Beratungspool nachzudenken.

Vergleichbarkeit muss im globalen Wettbewerb erkennbar sein. Diesen Anspruch erfüllt die systemisch geprägte Zertifizierung. Die Marktwirtschaft selbst bestimmt die Formate, wie basierend auf wissenschaftlichen Methoden richtig gemessen und beurteilt wird. Wann werden sich eigene Agenturen endlich etablieren, die diese zukunftsträchtige Aufgabe der Nachhaltigkeits-Messung übernehmen? Die Kraftquellen sind in den wissensfundierten Expertisen am Markt zu finden. Dieser Mechanismus in der Entscheidungsfindung darf dem Management nicht vorenthalten werden.

Konsumenten und User sind begierig auf die Background-Informationen, wie es hinter den Kulissen aussieht. Diese Transparenz bringt Sicherheit. Produkte und Dienstleistungen haben mit ihren Verantwortlichkeiten in der

Entstehungsweise konform zu gehen. Worauf verlässt man sich in den zwischenwirtschaftlichen Beziehungen? Was verändert die Algorithmen im Management? Die tiefen Spuren der Irrtümer durchziehen die Wirtschaftskrisen. Es macht also Sinn, professionelle Empfehlungen generell und speziell in den Netzwerken zu erhalten. Wer im Management die individuelle Einschätzung verlangt, sollte die sachgerechte Bewertung mitfließen lassen. Die Funktionen der Kontrolle rüsten generell auf. Es wird verglichen und sortiert. Dem Coaching wird die Zeit eingeräumt, die verschiedenen Prognosen zu verfolgen. Der Prüfungsstempel allein ist zu wenig, der ständige Austausch an Erfahrungswerten und das Feedback der

Nützlichkeit sind das prägende Element moderner Unternehmensführung

Nicht die Gesetzeskonformität gibt den Ton an, sondern die ethische und ökonomische Compliance. Diese bestimmt in Zukunft die Marktmechanismen. Die Staatsobrigkeit verwaltet nicht die Wirtschaft. Die wertschöpfenden Tätigkeiten sind im Feld des Strategischen begründet. Von daher sind Ratings in der Lage, die Geschäftstätigkeiten auf deren ethische, ökologische und ökonomische Prämissen zu überprüfen. Da die wertschöpfenden Tätigkeiten im kreativ strategischen Bereich angesiedelt sind, ist es zwingend notwendig, dass die globale

Konnektivität der Zertifizierungen funktioniert.

Ein weiteres Phänomen stellt sich ein: die Gereiztheit der Nichtbeachteten wird steigen. Da dürfen die Kontrollmechanismen nicht nachlassen. Nicht düstere Szenarien der Verzweiflung werden gemalt, aber nötigenfalls rüttelt die Warnung auf, dass es so nicht weitergehen kann, wie es unflexible Leitfiguren proklamieren möchten. Die Eliten der Wirtschaft brauchen den Kick, um zeitgemäße Strukturen zu etablieren. Die Aufgabe ist nicht unlösbar, man darf sich nur nicht vor ihr drücken.

Esprit und Originalität fühlen sich in der verflochtenen Umwelt so gut an. Die Wirtschaftseliten werden die Logik des Denkens und Dafürhaltens nicht überflüssig machen, sie werden eher zu Neuem provozieren müssen. Wenn auf externe Partnerschaften gesetzt wird, braucht es auch die entsprechenden Moderatoren. Ihre Mission stellt eine große Chance dar, Exzellenz abzusichern. Wie handeln sie? Sie motivieren zum diskursiven Fortschritt. Kompetent navigieren sie zwischen Warnsystemen und der realen Handlungspraxis. Nach wie vor ist das Leistungsgeschehen der Knackpunkt in der Auffindung der Schwerpunkte.

Wie alles rundherum beschaffen ist, wird die

Moderatoren umtriebig machen, den richtigen Pfad herauszufinden. Sie werden den Mechanismus der Transformationen in Gang setzen. In der Gedankenwanderung dürfen die Coaches nicht der Selbstherrlichkeit des Status-quo verfallen. Bewegung ist das Rezept. Sie kann nur in einem Netzwerk erfolgen, das in vollster Professionalität daraufhin arbeitet. Die Reflexionsschleifen bestimmen die Interaktionen zwischen den agierenden Partnern.

Das aufeinander bezogene Handeln ist davon bestimmt, von den negativen Einflüssen hin zu den positiven Formen des Wandels vorzurücken. Klare Strukturen in der

Interaktivität illustrieren, wie sich die Aktionssysteme im veränderten Umfeld stabilisieren können. Die Tragweite des Zusammenhanges ist dann schnell erfahrbar. Die Nähe zum qualitativen Nutzen wird gesucht. Viel wird von der Kompetenz der Akteure sowohl an vorderster Front als auch im Backstage der Regie-Leitung abhängen. Die Vorwärtsmacher haben ihre besondere Qualifikation, aber auch ihren persönlichen Lebensstil. Neuerdings macht das „Work- life-blending", die Verschmelzung von Lebenswelt und Arbeitswelt, viel aus.

Von der Qualifikation und von der Einstellung hängt die Effizienz des Handelns als auch die Glaubwürdigkeit des Berufsbildes ab. In den künftigen Assessments wird die Kombination von hart erworbenem Wissen, gesundem Menschenverstand und der individuellen Lebensweise hochgehalten. Die Realität wird einen neuen Alltag der Unternehmens-Atmosphären schaffen. Der Flow des Vorwärtsstrebens fürchtet sich nur vor der unzulässigen Unterbrechung im Leistungsdenken.

Die Voraussetzungen für den ökonomischen Fortschritt sind leicht erkennbar. Lediglich der Ego-Trip der ewig Gestrigen, die auf die Schulung der eigenen Persönlichkeit gar nicht erpicht sind, stemmt sich dagegen. Sie wollen nicht erkennen, dass der Wechsel der Perspektiven ein breites Brand an unerwarteten Möglichkeiten eröffnet. Daran darf niemand verzweifeln. Die Erarbeitung progressiver Modelle braucht das gewissenhafte ununterbrochen während Training. Die erlernte Souveränität können Manager in der von ihnen determinierten Unternehmens-Kultur ausleben. In den Manuals des modernen Managements sind die Wesenszüge der Firmen niedergeschrieben, dort wird auch Veränderung vorangetrieben. Die Unternehmenskultur ist der Prototyp des auf die Akteure verteilten Mind-Settings. Nur diejenigen werden abgehängt, die sich im Dickicht der Informationen und Manipulationen nicht zurechtfinden. Es bedarf der bravourösen Übersicht über die unfassbar erscheinenden Quantitäten an Datenmaterial. Erst die Sorgfalt im Umgang mit Wissen macht die Akteure verantwortungsbewusst und erfolgreich.

Die authentischen Botschaften genießen eine weit gestreute Glaubwürdigkeit. Die Renaissance des Unternehmertums zeichnet Netzwerklinien in verschiedene Richtungen, aber grundsätzlich unter einer eigens definierten Corporate-Identity. Selbst der Begriff der Künstlichen Intelligenz ist kein Kampfwort mehr, sondern eine Projektion auf die Zukunft. Statt der "KI" phänomenale Fähigkeiten großspurig anzudichten, sollte man die kurzfristig realisierbaren Brauchbarkeiten nüchtern einsetzen.

Immerhin zeichnen sie sich bei gewissen Tätigkeiten durch besondere Schnelligkeit und Präzision aus. Das trifft auf die Back-Office-Services, auf buchhalterische Aufgaben, auf Prozesse der Fakturierung, in der Disposition, in Produktion, Qualitätskontrolle, Einkauf und Verkauf zu. "KI" hat aber nichts mit den Initiativen der strategischen Zuverlässigkeit oder der globalen Verantwortung zu tun. Finanzprozesse lassen sich automatisieren, Nachhaltigkeitsprozesse weniger. Nicht Regularien, sondern die kreativen Ideen sind das „Tüpfchen auf dem I" des Managements. Sobald Künstliche Intelligenz technologisch realisiert ist, wird der Mensch in der neu entstandenen Wirtschaftskultur erst lernen, mit ihr richtig umzugehen. Sonst verpufft eine fehlinterpretierte Blase so schnell wie andere in der Ökonomie geplatzt sind. Die relevanten Herausforderungen werden vorwiegend von der Inspiration gelöst. Den Development-Prozess kann man nicht allein auf die technologische Transformation reduzieren. Den Bonus der flexiblen und inspirierenden Aktivität haben ausschließlich die menschlichen Akteure. Sie könnten sogar aus brillanten Just-in-time-Strategien die Gedankenaspekte der Entschleunigung mit der Profitabilität der Langzeit-Anforderungen verbünden. Dieser Vorgang ließe sich schrittweise organisch verwirklichen. Der befürchtete Zustand der Erschöpfung würde sich sonst fatal in jäher Schrumpfung der

Märkte auswirken.

Wie sehen die Geschäftsmodelle der Zukunft aus? Was steht auf dem Prüfstand, wer prüft? Märkte werden modelliert, indem ihre Skizzen aufgemacht werden. Wie das einzelne Unternehmen da hineinpasst, beschreiben Evaluierungen und Ratings. Die großangelegte professionelle Empfehlung bewegt sich inmitten unterschiedlicher wirtschaftlicher Szenarien. Die Objektivität der Evaluierung öffnet den Blick auf aussagekräftige Erkenntnisse. Wie sich die neuen Technologien entwickeln und wie sich die Unternehmens-Strategien darauf einstellen, gibt die Reaktion im Wettbewerb ab. Das Handlungsspektrum ist ziemlich realitätsnah umschrieben. Das Schwierige ist, die Neuausrichtung vernünftig zu konstruieren.

Alle veränderten Konstellationen wie Digitalisierung, Künstliche Intelligenz, Nachhaltigkeit und Sicherheit werden ihre Auswirkung auf den Wohlstand haben. Technik ist wichtig, Ideenforschung unumgänglich, die richtige Bewertung wird zur Voraussetzung ihres sinnvollen Einsatzes. Auf dieser Reise werden zahlreiche Faktoren die Entscheidungen begleiten. Ein negatives Ratingergebnis kann ein Unternehmen destabilisieren, oder völlig unerwartete Chancen zur Korrektur aufzeigen. Die Unternehmen sind dann in die Pflicht genommen, mit den kritischen Ansätzen folgerichtig umzugehen. Es ist ja nicht ausgeschlossen, dass nicht sie selbst, sondern die Konkurrenz fragiler wird. Das Versprechen des Kundennutzens wird von den Zertifikaten unterstrichen. Dann ist der Umbruch zum ertragsreichen Change gelungen.

Deswegen ist das frühzeitige Austesten der Unternehmensstruktur durch Ratings gerade im Launch von Innovationen so wichtig. Die Brisanz liegt in den Beziehungen von Ursache und Wirkung der Produktentwicklungen unter den Bedingungen der Nachhaltigkeit. Verantwortliche Marktbegleitung steht dafür, die Veränderungen im Ansatz zu antizipieren, bestmögliche Sicherheit im Risiko-Management zu schaffen und damit das

Tagesgeschäft zu harmonisieren. So wie beim Begehen unsicheren Geländes, auf Klettersteigen oder darüber hinaus in schwierigeren Klettergraden Trittsicherheit und Mut erforderlich sind, ist auch der Aufstieg im Business so anzulegen, dass die Ziele verwirklicht werden. Der Aufwand ist quantifizierbar. Daraufhin werden die Aufgaben zugewiesen. Sicherheit im ökonomischen Zusammenhang meint Frühwarn-Verantwortung. Ohne sie kommt die Koordination der Management-Themen nicht aus. Die technologische Verwobenheit ist Segen und Fluch zugleich. Es besteht kein Zweifel, sie wird zur Abstimmung von Information und Kommunikation eingesetzt werden. Und dann stellt sich heraus, dass jede Message eine neue Anforderung abbildet.

In Zukunft wird davon vieles mittels der Digitalisierung bewältigt werden. "Industrie 4.0" ist ein Zukunftsprojekt, das in seiner Gestaltung den Menschen in den Mittelpunkt stellen muss. Denn es käme zur Katastrophe, wenn das Menschsein mit der Weiterentwicklung nicht mithalten kann. Die Motivationen werden aus dem üblichen Rahmen herausfallen. Für den Menschen gelten die Ressourcen Zeit und Geld nach wie vor als wichtige Rahmenbedingungen. Das war immer schon so, nur wird es jetzt neue Grundsätze der Vorgangsweisen geben.

Auf Turbulenzen folgen Innovationen und bei aller Unsicherheit sind die Ressourcen dem Menschen anzupassen. Sonst verliert er. Die Zuordnung erfolgt von Unternehmen zu Mensch und umgekehrt. Diesen Prinzipien hat sich Planung, Realisierung und Kontrolle unterzuordnen. An ihnen hängt die Erfüllung des Zwecks der Geschäfte. Danach richten sich die Merkmale der Analysen, die Einrichtung der über- und untergeordneten Teilziele und deren abschließende Überprüfung. Die untersuchten Kategorien beschreiben somit vorwiegend auch Werte. Der zumutbare Aktionsradius von Unternehmen wird sorgfältig eingerichtet. Die ermittelten Hinweise definieren den Status eines Unternehmens. Jedenfalls möchte es wettbewerbsfähig bleiben, sonst

hat es ja von seinem Aktionsradius keinen

Nutzen.

8. WISSENS-MANAGEMENT

Wie wird Wissen in den Unternehmen brauchbar identifiziert? Wie wird es effizient vermittelt? Naturgemäß entwickelt sich Wissen ständig weiter. Der Gedanke der Reziprozität der dualen Ausbildung hilft da weiter. Sie findet sich in verschiedener Form in der unternehmerischen Praxis wieder. Training-on-the-Job und systematische Job-Rotation sind Basis-Elemente schon beim Berufseinstieg. Das Vorwissen fällt nicht so einfach vom Himmel. Die relevanten Kenntnisse werden nicht von anonymen Datenbanken zugeschossen. Wissen generiert sich erst, wenn man es in ein Wissensnetz einbaut und in Beziehung zu anderem Wissen setzt.

Die neu eingestellten Personen sind in die theoretischen Erkenntnisse involviert und werden an der Verwirklichung von Projekten mitbeteiligt. Die Aufgabe des strategischen Marketings ist es, die Geschäftsfeldanalysen über den Warenkorb der Produkte und ihrer Preisen zu legen. Es wird definiert, welche Produkte oder Dienstleistungen, wann und mit welchen Aktionen bestmöglich auf den Markt gebracht werden. Danach richtet sich schlüssig die Promotion-Arbeit. In parallelen Unternehmens-Einheiten werden die Portfolios spezifisch weiter bearbeitet. Professionalität entspricht nicht dem Trial &

Error-Prinzip. Die in den Technologie- und Forschungsabteilungen neu erarbeiteten Lösungen werden zügig mit den Zielmärkten und mit den globalen Kundenstrukturen in Verbindung gebracht.

Die Wissensgesellschaft verlangt, dass Nachhaltigkeit und Globalität im Mittelpunkt des Interesses stehen. Beide Elemente dürfen im Aufgabenspektrum nicht fehlen, sonst steht die Unternehmung aussichtslos auf verlorenem Posten. Die Erfolgspotenziale gründen sich auf entsprechende Alleinstellungsmerkmale. Diese gehören perfekt kommuniziert, damit sie in verschiedenen Vertriebskanälen an die Konsumenten herangetragen werden. Die globalen Strahlen richten sich auf den lokalen Markt, denn der Konsum bleibt nun einmal lokal. "Think global, act local" hat sich schon seit Jahrzehnten bewährt und wird es auch weiterhin tun. Die Fäden werden zentral gesponnen, aber es darf nicht vorgeschrieben werden, wie das jeweilige Tagesgeschäft in den entferntesten Regionen aussehen soll.

Das Globale mit dem Lokalen zu verbinden, wird erfolgreich, wenn innovative Entwürfe zur richtigen Zeit mit dem besten Team für Kommunikation und Management umgesetzt werden. Davon träumt jede Führungsriege. Es geht dabei um die Erschließung von spezifischen Marktsegmenten, wobei mit den vorgegebenen Konstellationen methodisch umgegangen werden muss. Es wird eruiert, wie ein Unternehmen vorzugehen hat, welche Vorzüge hervorzuheben sind und warum. Aus der Auswertung von Matrizen ergeben sich Prioritätenlisten. Sie bestimmen die Reihenfolge für das operative Marketing. Damit sind alle im Unternehmen an der Spekulation beteiligt, wie die bestmöglichen Gewinne erzielt werden könnten. Sind die Reibungspunkte der Kontroversen einmal herausgefunden und bereinigt, widmet man sich der Öffentlichkeitsarbeit, um die Produktvorteile der Gesellschaft schmackhaft zu machen.

Die Menschen lieben Marken, deswegen sollten sie möglichst werbewirksam in

Erinnerung gerufen werden. Diejenigen haben die Nase voran, die mit den Methoden der zielgerechten Information umzugehen wissen und auch die Möglichkeit bekommen, die Mittel kunstgerecht einzusetzen. Die verschiedenen Schichten des Management-Wissens fließen ineinander. Soziologische Impacts, technologischer Einsatz und Rendite-Konzeptionen wirken aufeinander ein. Die betriebliche Planung kann weder auf Compliance noch auf Maßnahmen zur Sicherheit der Management-Abläufe verzichten. Die Renditen werden durch diese konkreten Wettbewerbsvorteile bestimmt. Die Realität bestimmt den Einsatz.

Während heutzutage die rasche

Kommunikation gefordert ist, darf gerade wegen der unübersehbaren Datenflut nicht auf die Inhalte vergessen werden. Es ist die Rede von Transparenz. Diese wird sowohl durch die selbst produzierte Eigenwerbung als auch durch die Beurteilung unabhängiger Dritter geschärft. Wenn Produktvorteile angepriesen werden, ist allen daran gelegen, den richtigen Ton zu treffen. Die neuen Management-Methoden sind auf Glaubwürdigkeit und Sicherheit angewiesen. Denn das engere und erweiterte Umfeld reagiert mit einer eigenen Dynamik, die auf dem Bildschirm der Beobachtungen erkannt wird. Dem Zeitgeist ist Rechnung zu tragen.

Die genannten Voraussetzungen in der

Struktur sichern das Weiterbestehen von Unternehmen ab. Es geht darum, die Motive zugunsten eines Unternehmens und seiner Produkte permanent aufrecht zu erhalten. Sie müssen andauernd bestätigt und verstärkt werden. Das Labelling von gemeinsamen Werten verringert Imageprobleme und bietet mehr Marktsicherheit. Es wird spürbar, wie wirksam die Synergieeffekte zwischen unterschiedlichen Unternehmen sind. Sie tragen zur sonst unmöglichen Verwirklichung übergeordneter gemeinsamer Ziele bei. Die gegenseitige Ergänzung wird durch die kompetente Zusammenarbeit von Analysten, Beratern und Performern in den einzelnen Segmenten in ihrer Wirkung verstärkt. Wenn dies in einem intensiven Austausch von

Wissen erfolgt, schafft man es, zugkräftige Angebote der Nachhaltigkeit zu liefern.

Inspiration nützt der Selbstorganisation und der Stärkung von Kompetenzen. Das nötige Fachwissen lässt sich nicht zum Nulltarif von einer Person auf die andere übertragen. Die dominierenden Facetten finden sich in einer umfangreichen Ausbildung und im aus der Erfahrung mobilisierbaren Wissen. Das schlummernde Know-how braucht Anreize, um abgerufen zu werden. Das berühmte Aha-Moment zündet die Kreation neuer Vorschläge. Die Bildungskapazität des Menschen lässt sich durch ständiges Üben ausweiten. Ohne Verständnis der kulturellen und wirtschaftlichen Zusammenhänge wird es den Managern kaum möglich sein, mit der virtuellen Wissensflut nur halbwegs zurechtzukommen. Die bloße Information ist wertlos, wenn nicht ein Grundwissen es dem Entscheider ermöglicht, sich im Müll der Mitteilungen zurechtzufinden. Zu guter Letzt kommt es noch auf die Geschwindigkeit des Kapierens und Umsetzens an.

9. RENOMMEE VON CONSULTING

Drückt man im Unternehmen zu lange auf den falschen Knopf, kann dies ungeahnt negative Folgen haben. Darum brauchen Unternehmen die professionelle Interaktion zwischen Management und Consulting. Beratungs-Resistenz hat sich selten bewährt. Wer das evaluierte Wissen mit all seinen Konsequenzen kleinspricht, wird einen hohen Preis zahlen. Irrwege sind sehr kostspielig. Im Frühstadium werden sie zunächst einmal gar nicht erkannt. Darum sollten Berater über gute Sachkenntnisse verfügen, sonst richtet Consulting mehr Schaden an als es Nutzen anbietet.

Gefährliche Verwechslungen können bereits im Vorfeld einer Beratung auftreten, gerade wenn irrtümlich zu irgendwelchen Korrekturen aufgefordert wird, während es eigentlich ganz woanders brennt.

Unternehmen neigen nicht selten dazu, Consultants dort einzusetzen, wo gar kein wirklicher Mangel lauert. Beratungen sind wertvoll, wenn sie nicht bloß Bilanzen prüfen. Dies ist Sache der Steuerrechtspflege. Im Vorhinein sollte in einem General-Check der erforderliche Zuschnitt des Beratungs-Formats bestimmt werden. Denn niemand kann ohne Überprüfung der generellen Funktionsfähigkeit eines Unternehmens ahnen, welches Unheil herannahen könnte. Dementsprechend sollten zu Beginn des

Beratungs-Deals die Ansprüche und Erwartungen klar aufgebreitet werden.

Verzerrungen entsprechen leider dem Zeitgeist. Allerdings hat das zeitgemäße Management interessante Tools der Korrektur zur Verfügung. Die digitale Datenübermittlung, geschickt angewandt, kann Fehlern vorbeugen. Diagnosebilder sind aus unterschiedlichen Bereichen heutzutage schnell vergleichbar. Die Werte lassen sich über Smartphone und Tablets rasch übermitteln. Gerade der erste Informations-Austausch zwischen Consultants und Managern läuft oftmals digital ab. Auch Videokonferenzen sind für die Kommunikation zwischen Beratern und

Managern nützlich. Es kommt vor, dass die Ergebniswolken aufs erste nicht so leicht zu interpretieren sind. Zieht man die richtigen Schlüsse aus den laufenden Infos, wird sich das gesamte Unternehmen freuen, wenn es auf den Wellen einer gesunden Weiterentwicklung gleitet.

Was macht eine professionelle Optimierung von Businessprozessen aus? Consulting beschäftigt sich intensiv mit den Nutzwerten von Alternativen. Es wird darauf ankommen, die frühzeitigen Warnsignale ernst zu nehmen. Ratings dürfen nicht ad absurdum geführt werden, indem auf das Monitoring gar nicht reagiert wird. Vergleicht man die Echtzeitdaten mit den strategischen

Vorhaben, lässt sich ein relativ präzises Bild des Handlungsbedarfs zeichnen. So wird das Management durchgängig mit Vorwarn- und Lösungsansätzen gut versorgt. Dies bedingt ein Abwägen von Varianten, die sich lohnen, vielleicht auch Freude bereiten. Im erweiterten Stadium des Austausches mit der Außenwelt werden Boni auf Apps gesammelt, die in Zertifizierungen münden.

Unternehmen, die profitbezogen arbeiten, werden synchron auf Nachhaltigkeit hingesteuert. Nicht der Unterschied in den angesammelten Datenmassen, sondern die Inhalte machen den Ausbau der Qualität aus.

Die stillen Schätze sollen gehoben werden. Es besteht kein Grund zur Engstirnigkeit, über alles lässt sich diskutieren. Zumindest sollte man zusammen nachdenken. Wie finden Manager sonst die Kraft zu richtigen Korrekturen? Die besten Methoden müssen ausgesucht werden, um die Kapazitäten eines Unternehmens zu optimieren. Besonders das Renommee wird hinterfragt. Welches unternehmensneutrale und welches übergreifende Know-how setzt ein? Die Balance zwischen Konzeption des Neuen und Optimierung des Bewährten ist zu halten, um erfolgreich sein.

Heutzutage sind nur umfassend angedachte Lösungen gute Lösungen. Damit begründet sich die Bedeutung von Netzwerken. Ein Consulting sollte abschätzen können, ob sich der unternehmerische Output positiv oder negativ gestaltet. Der subjektiv spekulativen Wahrnehmung ist eine methodisch selektive entgegengestellt. Mit heuristischen Konzepten werden die Chancen der Geschäfte in Matrizen aufgefächert. Es ist vorteilhaft, wenn man spieltheoretisch damit umgehen kann. Vielleicht liegen darin der Erfolg und das Geheimnis eines gelungenen Consultings. Das Kennzeichen der qualifizierten Beratung wird sein, das objektivierte Bild passend für die einzelnen Unternehmen zurechtzufügen. Die konzipierten Designs setzen uneingeschränkt auf maßgeschneiderte, das heißt auf unternehmens-individuelle Lösungen.

10. DECISION-MAKING

Management-Handlungen sind rollende Prozesse, die auf die jeweils neue Situation abgestimmt sind. Kein Zwischenargummt darf zu kurz kommen. Am Anfang steht die Ressourcenbeurteilung. Danach werden die Prioritäten gesetzt. Nach der gefällten Entscheidung werden die Dinge gemäß ihrer Originalität in den passenden Prozessen fixiert. Sie sind auf die Begehrlichkeiten der Klientel abgestimmt, die auf der Erfüllung der Leistung besteht. Zuerst wird geprüft, ob das Projekt, das Produkt oder die Dienstleistung inhaltlich und finanziell überhaupt durchführbar ist. Top-down sagt aus, dass von der Zusammenfassung der einleitenden Bedingungen ausgegangen wird. Die Realisierung erfolgt dann im Raum des verwerteten Wissens und der Geschicklichkeit in der Anwendung. Das Management stellt also die Weichen für die Vorgangsweisen in den unternehmerischen Projekten.

Erstens, wann stellt die Entscheidungsfindung ein Problem dar? Wonach wird denn überhaupt gesucht? Ist das Zielobjekt der Problemlösung eine Erklärung, eine Erkenntnis, ein neues Faktum, ein Mechanismus der Veränderung? Was steht zur Auswahl? Die gesuchten Felder sind nicht einheitlich zu beackern. Dessen sollte sich das gesamte Team, das an einem gemeinsamen

Auftrag arbeitet, bewusst sein. In der Zusammenstellung aus vorhandenen Alternativen ist die Entscheidung auf Richtungsangaben angewiesen. Man mag es Vision nennen. Die Leistungsprogramme variieren je nach den erwarteten Ansprüchen.

Zweitens, welche Klientel will man ansprechen? Diejenigen, die keine Transparenz vorfinden, sind anfällig für Manipulationen. Schlecht informiert, bereuen sie dann meist ihre Kaufentscheidung. Das will in einer fairen Abwicklung des Geschäfts niemand. Im Gegensatz zum Anbieter treffen die Käufer den kurzfristigen Beschluss. Das gilt für viele Arten von Vertrags-Partnerschaften, ob sie nun Konsumenten, gewerbliche Kunden, oder sonstige Adressaten der Kommunikation sind.

Drittens, es kommt auf das ständige Verbessern beim Durchschreiten der verschiedenen Zustände an. Was gewollt wird, sollte sofort formuliert werden. Welche Aktivitäten wohin führen könnten, ist die Richtlinie dafür, was durchzusetzen und was zu vermeiden ist. Von alleine arrangiert sich nichts. Die Risiken werden konkret berechnet, dann wird auch nicht fahrlässig falsch entschieden. Verbessern heißt, zusätzlichen Nutzen schaffen und das möglichst schnell. All das lässt sich messen, am besten von unabhängigen Dritten. Was hält davon ab? Es wird hinterfragt, wo die

Erfolgspotenziale liegen. Das spornt zur strategischen und operativen Höchstleistung an. So inszeniert man Programme für eine florierende unternehmerische Zukunft.

Wie werden also die Prioritäten gesetzt? Was ist die zweckvolle Vorgangsweise? Was wird entschieden? Die sich anbietenden Möglichkeiten reflektieren die Gesamtheit der Thesen, die ein Unternehmen anzubieten hat. Der passendste Weg lässt sich mit Hilfe von Spieltheorien herausfinden. Die Umstände im Inneren eines Unternehmens und die externen Marktfaktoren regeln das Verfahren, um zum Ziel zu gelangen. Fachleute, Vermittler und Entscheider tragen sich die Lösungen in die Hände. Natürlich werden Störfaktoren dazwischen funken. Manchmal ist es auch die Trägheit des Managements, die stört. Sie ist durch unklare Ziele, bloß vage Strategien und falsche Kommunikation gekennzeichnet. Für ein positives Endergebnis wird eine scharfsinnige Strategie die Grundlage sein.

Das Monitoring des Nutzens beurteilt nicht nur die bestehenden Trends, sondern auch die vorherrschende Akzeptanz am Markt. Gleichzeitig darf das Management nicht zum Sklaven der veröffentlichten Meinung werden. Vorrangig ist auch die objektive Zukunft zu bedenken. Die Chancen sind abzumessen, sie auszuloten, wird eine

Gratwanderung im unternehmerischen Feeling bleiben.

Transparenz verbietet nicht automatisch die Diskretion. Diesen Unterschied zu leben, dazu gehört Fingerspitzengefühl. Dessen brauchen sich Manager/innen nicht zu schämen, noch dürfen sie Angst davor haben. Es wird nicht leicht sein, den Unterschied einzuordnen. Beide Pole ziehen die Vernetzung an, die verborgene als auch die öffentliche. Die ideale Handhabung wird in der Verknüpfung von ethischen Werten und technologischer Maximierung zu finden sein. Auch das Krisen-Management in Unternehmen hängt von diesem Ausgleich ab. Natürlich bringt es den Unternehmen Vorteile, wenn das positive

Image an die Öffentlichkeit getragen wird. Andererseits darf nicht jeder kleine Fehler den guten Ruf ruinieren. Den Unternehmen darf die Chance auf Korrektur und Optimierung nicht genommen werden.

Daher sind die Parameter der Kommunikation für ein Unternehmen existenziell wichtig. Die Themenfindung ist ein empfindliches Element in der Sensorik des Evaluierens und Weitergebens. Die Bewertung hält sich an die gebündelte Information und nicht an die Schelte von separierten Segmenten. Erst wenn das Teilelement das Ganze zu zertrümmern droht, ist kompromisslose Transparenz aller Einzelheiten ein unwiderlegbares Erfordernis.

Die Identität als Ganzes ist stets sichtbar zu halten.

Im Vorspann wird man sich die Situationen der Abhandlung bildhaft vorstellen wollen. Die Entscheidungs-Faktoren sind willensbestimmend. Daher werden die Sachlagen schon im Vorfeld der Entscheidung genau beobachtet und anschließend minutiös analysiert. Ist die Aktivierung der Beschlussfassung einmal im Gange, drehen alle Beteiligten an den Stellschrauben der Gewichtung. Das allgemein gültige Rezept gibt es dann nicht, vor allem nicht, wenn man unter Druck steht. Doch vor der richtigen Lösung wegzurennen, wird langfristig kaum zufriedenstellen.

Recherchen sind die Vorbedingung zur Evaluierung einer Situation. Und da entstehen die ersten Ungereimtheiten. Eine Münze zu werfen, ist nicht das beste Entscheidungs-Tool. Bewertungs-Matrizen gehören schon eher zum professionellen Instrumentarium. Mittels zielgerichteter Methoden der Beobachtung wird man die weiseste Lösung finden. Fehlt die Klarheit, lässt sich schon erahnen, wie zweifelhaft die Verfahrensweise in Richtung Entscheidung sein wird. Alles was nicht über eine seriöse Bewertung der vorhandenen Optionen läuft, veranlasst zu Blockaden. Und wo keine Alternativen vorhanden sind, können auch keine Prioritäten gesetzt werden. Die Konsequenzen kann man sich ausdenken.

Aber wer tut etwas gegen die Zähflüssigkeit des Handelns? Der tiefliegende Unterschied beginnt schon in der Art des Einstiegs. Plötzlich auftauchende Behauptungen könnten unliebsame Kontroversen entstehen lassen. Diese sind nicht so einfach zu ignorieren. Es ist also viel zu tun, damit das Firmen-Vehikel ins Rollen kommt. Es soll Richtung bekommen.

In weiterer Folge heißt es dann, zu reagieren. Im Verhalten des Umfeldes gibt es immer wieder signifikante Verschiebungen. Also ran ans Umfeld-Monitoring. Die Veränderungen lassen sich sowohl quantitativ als auch qualitativ bestimmen. Wird die Richtung beibehalten oder irgendwie geändert, so beeinflusst dies den Aufbau der Kommunikation. Heutzutage wird es, ohne die globalen Komponenten mit ins Kalkül zu nehmen, nicht klappen.

Zum Schluss wird es darauf ankommen, wie geschickt die organisatorischen Vorzüge im Unternehmen verteilt sind. Sind die angewandten Techniken zukunftsorientiert? Der multidimensionale Markt bestimmt das Geschehen. Das wird die Marketingplanung ebenso betreffen wie die Produktionsstrategien. Entwicklung, Produktionsexpertise und Vermarktung können durchaus an voneinander weit entfernten Orten stattfinden. Die online-Kommunikation ermöglicht es, Informationen

in Echtzeit sofort auszutauschen.
Interessierte Mitarbeiter können die
Verfahren und Aktionen auf der ganzen Welt
verfolgen.

Zukunftsorientierung richtet sich danach, wie
Qualität und Innovation gestaltet sind. Unter
diesen Aspekten wird das Ansehen der
Unternehmen gemessen. So definiert sich ihr
wirkungsvolles Design. Dann gelingt es auch,
mit seriösen Public-Relations Marktanteile
sicherzustellen, zurückzugewinnen oder zu
steigern. Die gestalteten Bedingungen haben
einen psychischen Einfluss auf die
Mitarbeiter/innen, sowohl im Innendienst als
auch im Außendienst. Er ist für das
Gesamtgefüge einer Unternehmung nicht

unwichtig. Bei allen möglichen Schwankungsbreiten in der Kostendynamik bleibt die subjektive Identifikation mit der Vorgangsweise am Markt eine Grundvoraussetzung für den Erfolg.

Verfälschte Inputs, so harmlos sie auch scheinen mögen, enden meistens in Benachteiligungen für die Unternehmen. Vor allem wenn sie konflikthaft angelegt sind, münden sie in Manipulation und folglich in Eintrübung des operativen Geschäfts. Eine korrekte Reaktion auf Marktveränderungen ist dann sehr schwer möglich. Die Potenziale auf Rendite werden verspielt. Wie soll denn der Austauschprozess überschaubar gemacht werden? Vor allem zeigt die jüngste

Geschichte der Weltwirtschaft, dass keine Branche von Miss-Interpretationen und gravierendem Pannen ausgeschlossen ist, ob es die Autohersteller, die Unternehmen der Pharmaindustrie, des EDV-Sektors oder der Energiewirtschaft sind. Die Beispiele wären Seiten-füllend und betreffen vorwiegend große Konzerne. Das sollte die Öffentlichkeit wachrütteln und tut es auch.

Sollen die Marktanteile gestärkt werden, wird man drangehen, die Befindlichkeiten der Irrationalität beiseite zu schieben. Es ist die Positionierung des Gesamtunternehmens, die den partiellen Erfolg übertrumpft. Die Produktivität hängt von den Impacts im Management der Innovationen ab. Die

Marktattraktivität will angefeuert werden.
Wie sehen also die Investments in neue
Launches aus? Nebenbei bemerkt, sie hängen
von der laufenden Liquidität eines
Unternehmens ab. Der Kreis schließt sich, der
kybernetische Prozess beginnt von vorne.
Nach dem Spiel befindet sich jedes
Unternehmen gleichzeitig vor dem Spiel.

Jedes Management wird sich in der
Verlaufskette wohl oder übel auf konkrete
Sachlagen konzentrieren. Zu welchem
Gewinn ist das Unternehmen
herausgefordert? Darauf werden die Ziele
ausformuliert. Davon hängt die
entscheidende strategische Option ab.
Manager dürfen nicht Opfer falscher

Einstellungen in der Corporate Identity sein. Die Konstruktion moderner nachhaltiger Kernkompetenzen wird Anstrengung und Zeit brauchen. Ständig muss kontrolliert werden, was funktioniert und was nicht. Wozu das gut ist, werden systemische Zukunftskonferenzen aufzeigen. Die gilt es professionell aufzubauen.

Die relevanten Wissensträger arbeiten gemeinsam an Problemlösungen. Es gibt Dimensionen, die auf das Innovative besonderen Einfluss haben. Woran mag es dann liegen, dass nicht selten die falschen Entscheidungen getroffen werden? Es wird einfach nicht nach neuen Märkten gesucht. Die Befürchtung, dass es nicht funktioniert, beruht auf dem Unverständnis, wie neue Aktionen zu setzen sind. Das Geschäft wird permanent konkurrenzbetont bleiben. Doch die Philosophie des gegenseitigen Überbietens in den falschen Kategorien wird die Bewegung nach vorne blockieren. So bremst man die prosperierende Erweiterung der Märkte aus.

Entscheidungsfindung drückt zunächst aus, wie existierende Probleme tatsachengerecht wahrgenommen werden. Mit dem faktenbasierten Erforschen geht das Erkennen und Akzeptieren der Problematik einher. Wenn die Bilder einmal adäquat an die Wand der Wirklichkeit aufgehängt sind, sind die vielen Schattierungen von Problemen erkennbar. Bleibt man beharrlich in der Beobachtung, werden stetig brauchbare Schlussfolgerungen gezogen. Dem Registrieren der Situationen folgt die rationale Einschätzung und im weiteren Verlauf der nötige Aktionsplan. Er führt dazu, dass die Aktivitäten auf den Märkten in Gang gehalten werden. Wann lohnt es sich, in die Innovation zu investieren? Sie muss vor allem Wirkung versprechen. Hat die Evaluierung die nötige Vorgangsweise ans Licht gebracht, ist der Lauf nicht mehr aufzuhalten. Da geht es auch um Mechanismen der Anpassung, die den Nutzen ermöglichen. Die Wirksamkeit wird an der Zielerreichung gemessen. Sie ist der Maßstab für die Tauglichkeit der Projekte. Entscheidungen ohne Kontrolle werden sich

in der wissensbasierten Wirtschaft nicht mehr
so einfach abspielen.

11. GLOBALISIERTES MARKETING

So manche Schritte im strategischen Marketing können riskant sein. Sie dürfen nur nicht dumm gesetzt werden. Neue Optionen bergen Chancen, aber auch Gefahren, die anspruchsvolle Marken beschädigen können. Ist ein Konzept nicht ganz abgerundet, fällt es sehr bald auseinander. Bei Line-Extensions innerhalb der jeweiligen Marken-Segmente ist darauf Bedacht zu nehmen, dass die Kernaussagen des Unternehmens geschützt bleiben. Die Rentabilität des Gesamtkonzepts darf nie aus den Augen verloren gehen. Es ist zu unterscheiden, was Massen- und was Qualitätsmarkt ist. Das Gesamt-Menü, nicht die einzelne Sonderleistung hat im Verhältnis zum Preis angemessen zu sein. Die erzwungene Senkung der Preise ist mit Risiken verbunden. Die Kombination von Rolls Royce und Goggomobil ist noch nie geglückt.

Ein gezieltes Marketing kommt nicht umhin, klar auszusagen, welche der im Unternehmen betroffenen Segmente Zuwachsraten erzielen könnten. Eine stimmige Sales-Promotion wird sich darum kümmern. Sie ist auf intakte Verteilersysteme angewiesen. Nicht zuletzt ist auch die Akquisitionspolitik damit beschäftigt, den Präsenzgrad und den Bekanntheitsgrad upzudaten. Ermüdung sowie Sättigungs-Tendenzen bergen die Gefahr, dass sich die Positionen im Wettbewerb verschieben.

Speziell der zyklische Wandel ist zu beobachten, um schnell reagieren zu können. Diversifikationen schaffen Abhilfe. Die wandelnden Märkte fordern dazu heraus.

Das Management der Innovation ist angesprochen. Zukunftsfragen gehen nie aus, immer wird es zeitentsprechende Erkenntnisse geben. Neue Lösungen bleiben das Erfolgskriterium zur Absicherung von Unternehmen. Ein wesentlicher Treiber zu neuen Konzepten der Produktivität sind die Ergebnisse von Ratings. Sie verweisen schonungslos auf die Schlüsselfragen, mit denen sich Unternehmen beschäftigen. So wirken Evaluierungen indirekt an den relevanten Trends am Markt mit. Die Nähe zur beinharten Realität der Bewertung fördert den agilen Kreativitätsprozess zur Innovation. Agilität deutet auf Flexibilität und Elastizität in der Reaktion hin. Davon profitiert das gesamte interaktive System der Globalität.

Die Möglichkeiten zur Marktdurchdringung und die Motive zur Nutzung als auch zur Nichtnutzung beeinflussen die Zielsysteme der Unternehmen. Der Product-Launch, als der tatkräftige Start einer Marke wird zum entscheidenden Kriterium für eine effektive Marktpräsenz. Damit wird auch die Aufteilung in Untermarken bedeutungsvoll. Die Konsumenten machen mit den Unterschieden in der Qualität unweigerlich ihre Kauf-

Erfahrung. Evaluierungen setzen letztlich das Ausrufezeichen hinter die Glaubwürdigkeit der Marken. Es ist ratsam, sie ernsthaft genug anzulegen. Wäre die Bewertung nicht vorhanden, würde Markenpolitik sich sehr schnell der Scharlatanerie aussetzen.

Die richtige Positionierung der Marken ist das Tauglichkeitssignal einer gut ausgearbeiteten Marketing-Strategie. Die Beschäftigung mit den Segment-Matrizen ist keine verlorene Zeit. Insbesondere die überraschenden Himmelsstürmer unter den Marken brauchen sowohl die positiven als auch die negativen Interpretationen. Sie könnten sich ja genauso als Weltmeister der Kreativität wie als vorüberhuschende Modeerscheinungen entpuppen. Jene Marken setzen sich durch, die auf Prestige Wert legen. Das gilt nicht allein für Luxusartikel. Exklusivität hat mehrere Gesichter. Sie zu erkennen, sie richtig zu malen, wird zum jeweiligen Status der Unternehmen beitragen. In irgendeinem Sinn wird die visionäre Ästhetik ihren Beitrag leisten. Nicht allein in den Formen und Linien liegt das ersehnte Geheimnis, zunehmend sind es die Inhalte und Werte, die überzeugen. Wird darüber im richtigen Maß informiert, hält man die Kunden bei Laune.

Damit die findigen Vorteile an die Konsumenten herankommen, ist es vorteilhaft, starke Motivationsschübe zu organisieren. Ohne dieses Grundgerüst der

Vermarktung wird es kaum gelingen, die Kontakte in den Zielgruppen zu festigen. Sollen die Potenziale genützt werden, bedarf es nicht nur des Konnexes innerhalb der Firmenkreise, sondern auch innerhalb der Netzwerke.

Wie gewinnt man neue Kunden? Wie werden Konsumenten zu Kunden? Diese Frage stellen sich die vielen Mitwirkenden im Marketing und Vertrieb tagtäglich. Sie werden sicherlich schon festgestellt haben, dass die Welt der Konsumenten heute ganz anders tickt. Umso mehr ist das Management gefordert zu hinterfragen, was vor Ort auf den Märkten passiert. Kundenorientierung macht aus, eine Basis der Reziprozität des Informierens zu

errichten. Die Aufgabe besteht darin, sich mit
den spezifischen Problemen der Klientel
auseinander zu setzen. Denn den Kunden ist
nicht nur die oberflächliche Problemlösung
wichtig, sondern auch das, was an Qualität in
den Angeboten steckt.

Durch die raschen Veränderungen des
Marktes sind die Unternehmen dazu
gedrängt, in allen Bereichen kreativ dran zu
bleiben. Die Weltwirtschaft bewegt sich
schon seit langem weg vom
Verbrauchermarkt hin auf einen
Interessentenmarkt zu. Es sind neue
Verhältnisse, die das Business überall auf der
Welt charakterisieren. Die Anbieter werden
sich kommunikativ sehr anzustrengen haben,

wenn sie um ihre Kunden buhlen wollen. Das müssen sie sich richtig antrainieren. Der Überzeugungsvorgang erfolgt schon weit vor den ersten Geschäftskontakten.

Es gibt vielfältige Ansätze zur Einflussnahme, wobei es darauf ankommt, die sachbezogenen Teile nicht nur beiläufig herauszufiltern, sondern auch bestimmend zu verwerten. Die getroffenen Maßnahmen sind dann gerechtfertigt, wenn sie auf Zukunft ausgerichtet sind. Inwieweit das gängige Berufsmarketing die Erkenntnisse der Wissenschaft wahrnimmt, lässt sich überprüfen. Das publik gemachte Resultat von Ratings wird den Unterschied im Wettbewerb ausmachen. Der Einsatz digitaler

Technologien verstärkt die verbale Gegenüberstellung. So verbindet sich die Funktionalität der Erfahrung mit der originellen Kreativität.

Netzwerke im Management sind nicht nur Verbindungen von Rechnern, sondern vor allem Verlinkungen von wirtschaftlichen Systemen. Die Gesamtheit der Strukturen und ihrer Wirkungen stehen im Blickfeld der ökonomischen Interaktionen. Es gibt spezifische Modelle, aus dem Vorhandenen und Nichtvorhanden die bestmöglichen Lösungen herauszufinden. Das Einwirken der verschiedenen Modellansätze wird vom Management gesteuert. Die Austauschbeziehungen sind inhaltlich und

methodisch raumübergreifend. Der
gewünschte Systemzustand prallt auf den
noch zu erwartenden Ablauf. Dieser wird
vom Change-Management mitsamt seinen
Innovations-Kriterien beeinflusst. Wenn an
diesen Schnittstellen die Investitionen
zurückgefahren werden, besteht Gefahr im
Verzug.

Wo finden sich die Vorzüge, die verdeckt
sind? Man wird also darangehen,
Querverbindungen zwischen den
unterschiedlichen Problemfeldern
herzustellen. Will man den Absatz anheben,
werden die querlaufenden Kräfte
komprimiert bearbeitet. Die intelligente
Bündelung gehört zur Raffinesse des

Managements. Bei der Aufteilung der Marktanteile ist in Zukunft auf das Axiom der Nachhaltigkeit in all seinen Nuancen zu achten. Daher sollte auch der Zugang zu den Beschaffungs- und Absatzmärkten unablässig erfasst und verbessert werden.

Wenn das einmal nachvollzogen ist, könnten auch die praktischen Konsequenzen daraus gezogen werden. Viele der überkommenen Regeln sind ausgeleiert. Die Methodik ist neu zu formatieren. Wenn etwas erreicht worden ist, kommt es auch auf das Wie an, ob es nämlich Ausdruck von Können oder nur Manipulation ist. Mit welcher Skepsis dürfen Konsumenten an die Angebote herangehen? Heute mehr denn je ist jede Technologie und

jedes Produkt in eine erklärbare
Serviceleistung integriert.

Was ist mit professionellem Management
gemeint? Es hat viel mit der umfassenden
Philosophie und Infrastruktur des Planens zu
tun. Die Bedingungen sind, wie schon
mehrmals betont, Wissen, Erkenntnisse und
das richtige Bauchgefühl. Die Intuition
schwebt ja nicht im freien Raum herum. Sie
verdankt ihre Gesetzmäßigkeit einem
langjährigen Aufbau an Erfahrung. Die
Folgerung daraus ist unabdingbar, denn
unverantwortliches Danebengreifen wird
wohl oder übel bestraft.
Es bleibt unausgesprochen wichtig. den
Charakter von Qualität hochzuhalten. Mit

diesem Attribut kommt man elegant durch die gefährlichsten Situationen des Marketings hindurch. Die Aussagekraft von Qualität beginnt bei der Positionierung und endet in der Kontrolle. Rundherum existieren die Umstände am Markt, die sich analysieren lassen. Die inneren und äußeren Erwartungen sind so eine Art Strahler, die das Umfeld ausleuchten. Der Lohn der Anstrengung ist nicht unbedingt der Gewinn, sondern das Prestige.

Gerade in der Forschung und Entwicklung können mit der weltweiten Rasanz nur diejenigen mithalten, die unverdrossen an verschiedenen Geflechten von Partnerschaften arbeiten. Vielfältige

Lösungen werden angestrebt, angefangen von einer ausgereiften Infrastruktur bis hin zu den einzelnen Serviceleistungen im taktischen Marketing. Die Wachstumsbranchen der Zukunft werden von Umwelttechnologien jeglicher Art beeinflusst sein. Danach werden sich die Leistungsangebote richten. Dort liegt die Marktattraktivität.

Das Hin und Her der gegenseitigen Absicherung macht den Ausbau von Netzwerken so spannend. Kooperationen lassen sich nicht vertiefen, wenn der Markt es nicht will. Das pfiffige Beherrschen von prekären und neuartigen Situationen kann verhindern, dass beeindruckende

Innovationen unterbunden werden. Die dafür gemachten Evaluierungen und Empfehlungen helfen nicht nur den großen Konzernen, sondern vor allem auch den einzelnen Gliedern in der Kette der Zusammenarbeit. Die gemessenen Wirksamkeiten reduzieren zudem das Risiko aller Beteiligten.

Manchmal erscheinen die Hürden sehr hoch, sie sind aber in den seltensten Fällen unüberwindlich. Die Transformationen im strategischen Marketing dürfen eben nicht frühzeitig gestört werden. Vor allem auf das Feedback von der Kundenseite ist zu achten. Es wäre äußerst hilfreich, wenn die High-Tech-Welt von den Contents der

Überlegungen und der Strategien getragen wird. Neue Märkte werden nur über sensitive Geschäftsmodelle erschlossen. Effizient konzipiert bringen sie jedes Unternehmen in die erfreuliche Gewinnzone. An der Digitalisierung kommen die Unternehmen nicht vorbei, aber noch weniger an den Perspektiven der Nachhaltigkeit. Inwieweit die Digitalisierung das Ressourcen-Management optimieren kann, ist noch nicht absolut geklärt. Es hat sicherlich etwas mit Einsparungspotenzialen zu tun. Aber die Produktivität der Nachhaltigkeit ist damit noch lange nicht abgesichert.

Der Alltag des Bewertens wird die gemessenen Realitäten in die Öffentlichkeit hinaustragen. Der Megatrend geht unaufhaltsam auf die Verknüpfung von Digitalisierung und Nachhaltigkeit zu. Wird das rigide Zusammenschweißen auch die versprochene Lebensqualität anbieten können? Die Digitalisierung kann eigentlich nur auf smarte Weise, das heißt schlau und elegant, die Tragweite der Nachhaltigkeit stützen. Das Zukunfts-Management sollte auf diesen Ansatz nicht verzichten. Die Cyber-Systeme unterliegen von allem Anfang an den Kontrollmechanismen der ökonomischen Verantwortung. So können gesellschaftliche Krisen vermieden werden. Die richtige Dosierung des Wachstums wird den Ausschlag geben. Dessen sollten sich die Leader an den Schalthebeln der wirtschaftlichen Macht bewusst sein, in den großen Konzernen ebenso wie in den mittelständischen Unternehmen. Der internationale Handel ist das Schwungrad des Weltwirtschaftssystems. Wenn es an Schwung verliert, büßen die Unternehmen an Widerstandskraft ein. Zur Bündelung übergreifender Interessen erweitern internationale Allianzen die strategischen Möglichkeiten. Solche Partnerschaften helfen den Marktbeteiligten vor allem dann, wenn Qualität und Prestige flächendeckend unterstrichen werden sollen.

Die Erschließung neuer Auslandsmärkte macht die mühevollen Marktrecherchen bezahlt. Wie sind Produkte, Ideen und Serviceleistungen aufeinander abzustimmen? Es zahlt sich aus herauszufinden, wie die Angebote auf dem internationalen Markt harmonieren, damit sie von den unterschiedlichen Zielgruppen angenommen werden. Nicht nur die Formen sind zu untersuchen, auch die Gewinnaussichten. Die internationale Reputation hängt von den globalen Contents ab. Dann erst pendelt sich der finanzielle Aufwand mit sämtlichen Marketing-Details ein. Der Einsatz ist bei all den Unsicherheiten und Investitionen sicherlich groß, weil oft völlig neue Strukturen entstehen. Die Geschäftsaussichten in den Programmen der Nachhaltigkeit sind schon deswegen lukrativ, weil von ihnen die gesamte Wertschöpfung abhängt.

Die Nachfrage in den Netzwerken wird
dadurch vergrößert, dass neue Zielgebiete am
Markt auftauchen. Die Business-Pläne hängen
sich dann umso mehr an die internationalen
Evaluierungen an. Denn dort ist das
Expertenwissen über die internationalen
Zusammenhänge gut aufgehoben. Es bringt
zahlreiche Vorteile, vor allem werden die
Einflussnahmen von außen übersichtlicher.
Diese Abwägungen sind enorm hilfreich beim
globalen Austausch. Unvermutete Verluste
sind leichter zu bändigen. Das Management
bekommt ein besseres Gefühl dafür, wie die
Dinge zu Hause und am anderen Ende des
Globus laufen könnten. Die Bereitschaft zum

Risiko wird erleichtert, weil Bewertungen die optimalen Informationen bieten. Ratings klären, welchen Nutzen internationale Aktivitäten nach sich ziehen könnten. Sie mausern sich zu den idealen Netzwerkpartnern im Außenhandel.

Wirkungsziele im internationalen Geschäft sind die gemeinsamen Vorgangsweisen am globalen Markt. Der leistungsgerechte Austausch von Ressourcen fällt ins Gewicht. Die Gesamtlösungen verlangen eine gründliche Beherrschung der beteiligten Rollen. Wie die Zweckbestimmung formuliert ist, beschreibt die detaillierte Vorgehensweise. An sie hängen sich die Kriterien zur Akzeptanz. Viele

Interessensgruppen sind zu befriedigen. Daraus entnehmen die Unternehmen die zu setzenden Prioritäten. Das macht die professionelle Interaktivität am organisierten Markt aus.

12. BUSINESS EMOTION

Es gibt konsistente Methoden des Managens, die einmal anders gezeichnet sind, auffallend zeitnah. Manche Markt-Akteure scheitern daran, einige glänzen damit und heben sich dadurch hervor. Letztere stützen sich auf ein breit gefächertes Know-how und eine gewisse Leichtigkeit im Procedere. Das Besondere an der seriösen Leichtigkeit ist, dass die Bindung zum Markt positiv emotionalisiert wird. Es macht Spaß am Geschäft. Man kommt der Intimität des Business näher. Verboten ist natürlich, sich durch schlechte Lösungswege zu blamieren. Die nicht übersehbaren Vorgangsweisen dürfen auch nie ausgelutscht wirken. Exklusivität sollte bis in die letzten Zellen der Unternehmen spürbar sein. Das Hintergrundwissen wird auf den Punkt gebracht, um schließlich Win-Win-Positionen für alle Beteiligten zu suchen. Im Vordergrund der Absichten steht die Attraktivität des Geschäfts.

Wenn ein internationales Rating sich auf die seriöse Analyse stützt und eine effektive Beratung fordert, kreiert es höchste Aufmerksamkeit. Sobald die Ressourcen klar herauskristallisiert sind, kann man die meisten Partner begeistern. Wollen die Unternehmen authentisch wirken, müssen sie auch etwas dafür tun. Globale Ausrichtung ist dadurch gekennzeichnet, Zielgruppen auf der ganzen Welt zu erreichen. Dazu bedarf es geschickt ausgefeilter Strategien, sonst stehen Unternehmen schneller als sie reagieren können auf den Insolvenzlisten. Der Turbo für ihren internationalen Durchbruch starten sie in der Innovation, wie groß oder klein sie auch ausfallen mag. Das Tuning erfolgt über die Kommunikation. Ist das unternehmerische Design mit sämtlichen Produkt- und Reputationsvorteilen stimmig, steht dem nachhaltigen Geschäftsmodell nichts mehr im Wege.

Die Wettbewerbsfähigkeit ist durch drei Kern-Aussagen begründet: Attraktivität der Produkte oder Dienstleistungen,

Zukunftsfähigkeit durch Erwartung von Innovationen und technische Verfügbarkeit. Unternehmen, die diese Vorgaben nicht schnell genug erfüllen, sind bald auf der Verliererstraße. Das haben selbst große Konzerne schon zu spüren bekommen. Auch sie können es sich nicht leisten, auf die professionelle Erarbeitung der Zielrichtung zu verzichten. Die Motive sollten stark genug sein, sich durch alle möglichen Turbulenzen durchzukämpfen. Diese Stichworte haben die Gedanken schon vieler Manager gestreift.

Wie sieht es mit der Umsetzung aus? Unsicherheiten haben schon so manche umwälzende Vorstellung aus der Bahn geworfen. Das unproduktive Durcheinander

der Entscheidungen zerstört vieles. Wäre der Überblick in jeder Phase konkretisiert worden, hätten die Manager gewusst, was zu tun gewesen wäre. Das Ausstreuen von Ideen ist zu wenig. Die Begeisterung des unbedingten Wollens steckt verpflichtend hinter den Aktionen. Managen bleibt ein kompetitives Spiel.

Es müsste also im Interesse der Unternehmen sein, die Social Media auf Seriosität hin mit zu formen. Die Information der Konsumenten erfolgt nun einmal heute über das Internet. Social Webs sind das ideale Transportmittel, profunde wissenschaftliche Ergebnisse aus Ratings nach außen hin zu kommunizieren. Es würde genügen, die Fakten über diverse unterhaltsame und anschauliche Grafik-Formate zu untermauern. Dies wird wohl heutzutage zur Kontaktbindung an das Publikum unerlässlich sein. Die Klientel darf sich nur nicht in den falschen Kanälen verlaufen.

Will das Management seine Business-Ideen in aller Öffentlichkeit durchsetzen, darf es selbst vor gravierenden Veränderungen nicht zurückschrecken. Kosten und eventuell ungewohnte Herangehensweisen dürfen die Perspektiven nicht versanden lassen. Die berechtigte Angst vor Fehlern ist ein nicht zu unterschätzendes Hindernis. Deswegen ist ein interaktives wissensbasiertes Management Ausdruck der erforderlichen Kompetenzen.

Management-Abteilungen sind an und für sich bestrebt, über sich selbst hinauszuwachsen. Andernfalls würden sie nur die Kulisse für eine selbst-verwaltende Organisation darstellen. Will man das Steuer den Dilettanten überlassen? Nur wer das Handwerk des Managens in all seinen theoretischen und praktischen Facetten gelernt hat, wird schwierigen Aufgaben im internationalen Regelkreis gewachsen sein. Arroganz den Fakten gegenüber hat da nichts verloren. Die Brillanz im Managen geht noch darüber hinaus. Sie ist gekoppelt an das Einfühlungsvermögen, das alle Partizipierenden trifft. Auch das gehört zur Reputation eines Unternehmens, die gemessen werden kann.

Die umfassende Professionalität auf allen internen Ebenen und in den strategischen Allianzen ist also eine absolute Bedingung zur Problemlösung. Die Leistungsträger sind gefordert, in ihrem Job gut zu sein. Sollten indes die wichtigsten Voraussetzungen an Kompetenz und Ressourcen fehlen, darf nichts mit Gewalt erzwungen werden. Unvernünftiger Starrsinn darf nicht obsiegen. Sind die Reserven an Kapazitäten auch ausreichend vorhanden? Ob dies der Fall ist, können wiederum nur Externe objektiv beurteilen. Die Resultate sollten absolute Sicherheit gewährleisten. Das Unternehmens-Programm ist erst komplett, wenn all seine Möglichkeiten durchleuchtet worden sind. Alle realisierbaren Meilensteine erscheinen am Radarschirm einer pragmatischen Expertise. So kann das Management nicht heimlich auf Tauchstation gehen. Stets wird es den kritischen Punkt der Deadline zur Umsetzung geben. Ambition steht versus Rationalität. Verständlich, dass manchmal die Verantwortung so groß ist, dass sie niemand übernehmen will.

Modifizierungen sind möglich, aber sie erweisen sich als viel sensibler als die eingefahrenen Handlungsmuster. Erst wenn neue Erkenntnisse auftauchen und sich die Sinnhaftigkeit der Umsetzung bestätigt hat, ist die Weiterführung der Prozesse legitimiert. Unverkennbar sind Ratings nicht mehr unter die außerordentlichen

Besonderheiten einzuordnen. Bei der Bewertung sensibler Unternehmens-Strukturen geht es nicht mehr allein um Kreditrisiken, die schon für sich allein gefährlich genug sind. Unter Umständen gerät die Existenz von Unternehmen ins Wanken, die ja nicht ausschließlich von den Finanzen bestimmt wird. Das Finanzergebnis ist dann nur noch der definitive Dolchstoß.

Das gesamte Umfeld des Wettbewerbs steht plötzlich auf dem Prüfstand. Wie ist die Unternehmens-Planung denn zustande gekommen? Die Zukunftsplanung begann schon beim Eruieren der ersten Schritte. Das unausbleibliche Kriterium sowohl bei Start-ups wie bei Unternehmens-

Umstrukturierungen sind die Kernsätze des Risiko-Managements. Es sieht den Gefahren unbeeindruckt ins Auge und dokumentiert die Schwachstellen ebenso wie die Gewinn-Chancen. Der aktive Beitrag der Beobachter und Analysten ist nicht zu bagatellisieren. Er erleichtert dem Management die Beantwortung der Frage, ob es das Richtige tut oder nicht. Schließlich stehen die Bedürfnisse des Unternehmens auf dem Spiel.

Die angeeigneten Kenntnisse und die Freude am Herausfinden neuer Muster zum Möglichen befähigen das Management, die kausalen Beziehungen besser zu verstehen. Die unabkömmliche Definition wird darin ihren Platz haben, um zu vermitteln, wo es lang gehen könnte. Sie ist keine Erscheinungsform des Vagen, das zwar überzeugen möchte, aber aufgedunsen nur Verwirrung schafft. Die plausiblen und praktischen Gründe sind im Endeffekt unzureichend, es braucht die genaue Definition der gegebenen und zu erwarteten Sachverhalte. Das Bedürfnis nach einer eindeutigen Verständigung wird in den glaubwürdigen Entscheidungszentren unverkennbar eingemahnt sein. Auf diese Weise wird eine ungesunde Willkürlichkeit verhindert. Die Überprüfbarkeit von Hypothesen ist schon seit der Antike Bestandteil des vernünftigen Handelns.

Was sind die Kernausgagen dieser Metapher?
Am Markt vorbei, ist nun einmal der sicherste
Weg in den Misserfolg. Um wirtschaftlich
klüger zu handeln, ist es geboten, über
weitere Horizonte hinaus zu denken. Das
kurzfristige Handeln hat meist nur schädliche
Effekte zur Folge. Gewiefte Entscheider
werden mit einem Übermaß an
Freiheitsgraden sich nicht schwer tun. Sie
werden alles dran setzen, um das
gemeinsame Argument zu finden. Einordnen
und sich dann zurückziehen, ist nicht Sinn und
Zweck strategischen Handelns. Qualifikation-
light ist der Sache nicht angemessen. Zu hoch
sind die Risiken. Auch der Umgang mit
Wahrscheinlichkeiten braucht Kompetenz.
Manchmal ist die Wirkung eine einfache,

doch sie kann auch komplex sein, jedenfalls ist sie berechenbar.

Der Widerspruch von Norm zu Strategie im Management wird sichtbar. Wer die Norm beherrscht, hat die Macht, aber nie den Fortschritt in der Hand. Normen verleiten zur starren Determinierung, sie bürokratisieren die Abläufe und versinken in Unbeweglichkeit. Der Einfluss liegt in der Präsentation von Leistung. Das Updating entspricht klarerweise einer Steigerung von Effizienz. Strategien operieren mit Gedanken- und Methoden-Modellen. Die Charakteristik von Strategie-Designs liegt zwar in der schriftlichen Formulierung, die unbedingt notwendig ist. Sie darf aber nie zur Geisel einer Indoktrinierung werden. Es ist schon eine Kunst, mit Strategiebildern richtig umzugehen. Strategiekünstler jonglieren mit den Kombinationen von Alternativen. Um die langfristigen Ziele zu erreichen, bemühen sie sich, den Mechanismus von Vision zur Philosophie und zur Strategie am Laufen zu halten. Mit konsequenter Strategie wird ein Durchschnittsmensch oft erfolgreicher als ein Genie. Der „Common- sense" allein wird kaum ausreichen, um in schwierigen Situationen effizient zu bestehen. Gut durchdachte Aktionen sind es, die den Wertezuwachs bestimmen.

Da gibt es noch unzählige Unternehmen, die unter irreführenden Einflüssen stehen. Wer wird sie auf den richtigen Kurs bringen, wenn sie selbst ihre Irrungen nicht erkennen? Wo holt man sich das Erfolgswissen ab? Irgendwer müsste bereit sein, die Entwicklung von Trends zu observieren. Spezifische Aufgaben verlangen spezifische Unterstützung. Die anzumietende Power liegt in den Labors der Think-Tanks, die nicht nur versprechen, sondern an den Ergebnissen aktiv mitbeteiligt sind. Man braucht sie, weil die interdisziplinäre Bedienung nicht in einer einzigen Hand liegen kann. Die Kollaboration mit den richtigen Partnern wird zu einer Schlüsselkompetenz.

Unterschiedliche Stärken und gemeinsame Interessen werden zusammengeführt. Diese

Art von Kollaboration bedarf einer hierarchischen Ordnung. Die Aufgaben sind strikt in einem Organisationsraster der gegenseitigen Beeinflussung eingeordnet. Auch diese Form von Zusammenarbeit lässt sich trainieren. Der Wirkungsfaktor liegt in der wechselweise sich aufputschenden Innovationskraft. Sind beide Fronten, Macher und Think-Tanks aufgrund ihrer unterschiedlichen Fähigkeiten auf gemeinsame Ziele eingeschworen, funktioniert das Projekt. Auf der Erfolgsskala stehen Effizienzsteigerung, Verbesserung der Produktivität und eine zukunftsgerechte Planung.

Der Spontanität der Macher steht der Drang

nach Perfektion des Consultings zur Seite. Deckungsgleich mit eventuellen Zukunftskonferenzen zieht sich ein roter Faden durch, von dem zeitlich und inhaltlich nicht abgewichen werden darf. Der Background der empirischen Datenerhebung hat sich schon x-fach in der Praxis bewährt. Die Weichenstellung der Programme und die besondere Wertschätzung von Teamarbeit oder strategischen Allianzen stärkt das hohe Niveau, um den Ausbau der ökonomischen Erneuerung zu intensivieren.

13. AUFBRUCH ZUR VALUE ECONOMY

Nachhaltigkeits-Modelle gewinnen zunehmend an Bedeutung. Das bringt mit sich, dass die Management-Strategien andersartige, aber nicht minder konkrete Ziele ansetzen. Wer ist wohl imstande, die Konsequenzen der daraus resultierenden Maßnahmen abzuschätzen? Alle argumentieren damit, dass der Mehrwert gleichzeitig ökonomisch und ökologisch eingefahren wird. Das ist der neue Stil der Werte-Ökonomie. Die wirtschaftliche Wirksamkeit wird dann an Hand der langfristigen Kostenreduktion gemessen. Das ist kein Widerspruch in sich, auch wenn

kurzfristig das Investment in die neuen
Technologien enorme Ausmaße annimmt. Die
Chancen eines Unternehmens lassen sich
vom unternehmerischen Ethos nicht mehr
trennen. Sämtliche Risiko-Ursachen für nicht
nachhaltiges Verhalten sind auszuschalten.
Was auf unnötigen, schädlichen Verschleiß
setzt, ist verpönt. Fehlverhalten ist
anzuprangern.

Freilich steht jedes Unternehmen in seiner
eigenen Verantwortung, sich die Consumer-
Benefits der Nachhaltigkeit zu sichern. Die
Funktionalität des Unternehmens-Gewinns
wird neu definiert. Vieles dazu ist durch
Investments zu erreichen. Somit bekommen
die Kontakte zum grünen Finanzsektor einen

positiven Auftrieb. Das ganze Prozess-Management ist im Idealfall auf die Gesamtheit der Nachhaltigkeits-Pläne ausgerichtet. Die Kontrollmaßnahmen liegen außerhalb der Unternehmen. Rating-Agenturen kommen auf den Plan.

Gerade in Märkten mit einem hohen Sättigungsgrad an Angeboten, ist die Veränderung der Produktprofile notwendig. Die globalen Herausforderungen werden die Konsumenten veranlassen, umzudenken. Die Unterschiede in den Produktvorteilen sind transparenter geworden. Die Differenzierung ist voll im Gange. Der zusätzliche Wert für die Kunden geht über die Preisunterschiede hinaus und trifft ihre Gesundheit und das eigentliche Wellbeing. Dazu sind noch ungewohnte Informationssysteme zu schaffen, damit die einzelnen Vorzüge erkannt werden können. Nicht mehr die Rabatte allein werden die saturierte Gesellschaft beschäftigen, sondern die Differenzierung in der Werteskala. „Geiz ist geil" ist verpönt. Die Produkteigenschaften in allen Sektoren haben sich verändert. Diese Leistung wird von der Öffentlichkeit gefordert. Mauscheleien im Handel sind out of the game.

Der logische Systemaufbau im Unternehmen drängt dazu, die ökonomische Transparenz sicherzustellen. Es gehört zu den Anliegen jeder guten Unternehmenskultur. Es ist die direkteste Art, die Zwecke der betrieblichen Aktivitäten in den Vordergrund zu stellen und an ständigen Verbesserungen zu arbeiten. Dazu gehört es, die Folgen rechtzeitig abzuschätzen. Anhaltspunkte gibt es im kommunikativen Austausch genug.

Das System der Nachhaltigkeit funktioniert, wenn die Unternehmen die lange Kette subtiler Wechselwirkungen beherrschen. Wirtschaftlicher Gewinn ist nicht mehr das monetär Messbare, auch Sicherheit und Nachhaltigkeit sind Gewinnfaktoren. Die Unternehmen haben in der Corporate Social Responsibility einen weiteren Eckpfeiler der gesamtgesellschaftlichen Verantwortung. Viele der Ansatzpunkte lassen sich in den

Commitments schriftlich niederlegen. Ihre Überprüfung kann aber nur von außen her erfolgen. Die intrigierende Bürokratie des Verhaltens wird vermieden, sobald die Öffentlichkeit sich in den Netzwerken zu informieren beginnt.

Die Geschäftsmodelle der Nachhaltigkeit sind mit der Ertragskraft und Rentabilität der Unternehmen kompatibel zu halten. Wie werden die Portfolios der globalen Nachhaltigkeit gehandhabt? Die wahrscheinlich schwierigste Umstellung im modernen Management ist die strategische Neuausrichtung auf die Vernetzung von Nachhaltigkeits-Strategien. Jedes Unternehmen hat die Chance, solch effiziente

Konzepte zu erstellen. Es bleibt ihnen nichts anderes übrig, als die Trends in den verschiedenen Regionen auf dem Radar zu haben. Sie werden sich damit beschäftigen, die Charakteristiken der Vorhaben zu identifizieren. Darauf basieren die bevorstehenden Management-Entscheidungen. Die Folgen auf dem Weltmarkt kommen ins Kalkül. Die versteckten Marktpotenziale auf der Welt zu suchen, ist nie falsch. Strukturelle Vernachlässigungen werden schlechte Ergebnisse nach sich ziehen. Die Bilanz des nachhaltigen Wirtschaftens lässt sich per Audits, Evaluationen, Ratings oder Zertifizierungen prüfen. Die Indikatoren sind klar definierbar.

Ratings garantieren Transparenz. Sie thematisieren die Zielkonflikte des Marktes. Sie tun dies für die Unternehmen und für die Öffentlichkeit. Die romantischen Blicke vermeintlicher Commitments in die Corporate Governance genügen nicht der Sache. Die Diskrepanz zwischen Erkennen, Planen und Handeln ist selbst bei großen Playern sichtbar vorhanden. Die Ernsthaftigkeit eines nachhaltigen Managements darf nicht erst auf den zweiten Blick auffallen. Das Nachhaltigkeits-Scoring hat mit der ökonomischen Gesundheit der Unternehmen zu tun. Was bleibt von den Marketing-Interventionen zur Nachhaltigkeit übrig? Dies gehört es zu überprüfen. Was ist also der Stoff, der aus der Evaluierung kam?

Die Methode wird zum elementaren Kriterium des Gelingens, sie muss nur richtig angewandt werden. Die Positionen im Wettbewerb hängen vom permanenten Dialog mit Rating-Expertisen ab. Die Ertragsziele sind daran gebunden. Wie reagiert der Markt, wie reagieren die Manager, welche Position nimmt das Unternehmen laufend ein?

Im Austausch der Ergebnisse von Evaluierungs-Tanks ergibt sich die Quintessenz eines nachhaltigen Portfolio-Managements. Darüber hinaus erfährt Nachhaltigkeit ihre Relevanz bei Investmentthemen. So werden die Gewinnmomente der globalen

Verantwortung auch für Asset-Manager interessant. Die Brisanz von Nachhaltigkeit wird die Aktienkurse antreiben. Nachhaltigkeit wird zum Katalysator in der Finanzwelt.

Wie verhält sich übrigens die Regie der Weltunternehmen, wenn bestimmte Länder unter einem eventuellen Rückgang des Welthandels besonders zu leiden haben. Die verschiedenen Units sollten darauf reagieren. Alle am Markt konkurrierenden Unternehmen sind in irgendeiner Weise von dieser Verantwortung betroffen. Abschottung tut gerade auf diesem Gebiet nicht gut. Finanzielle Einbrüche bilden im Übrigen eine Gefahr für die rudimentären Standards der

Nachhaltigkeit, die mühsam erarbeitet worden sind. Es gibt keine Profiteure, auch wenn es sich verschiedene Polit-Autokraten so vorstellen. Der Zuwachs an Wohlstand durch die Globalisierung wäre verspielt.

Die Antworten sind eindeutig. Dem Verlust an Dynamik kann nur mit gezielten Innovationen entgegen gewirkt werden. Das gehört in die Kunst der Risikoabschätzung mit hinein. Vorteilsverschiebungen sind dabei nicht zu vermeiden. Auch ist jedes Unternehmen für sein Ursprungsland verantwortlich, sonst verliert es den eigenen Boden unter den Füßen. Da dürfen europäische Unternehmen der Politik der Europäischen Union nicht in die Parade fahren, wenn es um CO_2- Steuern,

Ressourceneinsparung oder
Umweltverträglichkeit geht.

Dem Management wird geholfen, wenn sich
die Prozesse der gesellschaftlichen
Implikationen übersichtlich veranschaulichen
lassen. Flexibilität in den Strukturen des
gegenseitigen Abtausches von Bewertung
und Lenkung des Unternehmens schärft die
Aussicht auf eine faire Bewältigung der
Probleme. Vereinfachung beinhaltet auch
Transparenz. Die Datenqualität bestimmt die
Kraft der Evaluierung.

Die Ansprüche an die Unternehmen werden
umfangreicher. Bestimmte Situationen
erfordern den Einsatz von Methoden

besonderer Art. Oftmals ist es unerlässlich, zur Sanierung zu greifen, wenn die wirtschaftliche Rentabilität wieder hergestellt werden soll. Manchmal genügt bloß die kreative Umgestaltung der Organisation, um ein System intakt zu halten. Wie macht man sich ein Bild über den Zustand der Unternehmen? Die aktuellen Lagen und die möglichen Potenziale definieren die Entfaltung des Status-quo und seine Ausmaße. Die Abbildungen müssen mit den Erwartungen von Unternehmen und Kunden kongruent sein. Wie verstärkt man sie? Sie gelten als das Maß, wie die unternehmerische Zukunft gesteuert wird.

Compliance ist das Schlagwort dafür, wie sich

Unternehmensführungen vor allem in der globalen Verantwortung verhalten sollten. Die Fans für die Selbstverpflichtung von Unternehmen halten mit ihrer Meinung nicht zurück. Schwarze Schafe des Commitments sorgen auf der internationalen Bühne für Ärger. Es braucht einfach zu lang, bis man weiß, was in den Unternehmen passiert. Zu viele Ausreißer sind es noch, die im Sumpf der globalen Manipulation versinken. Meinung kann gemessen werden. Wenn es auch eine Mentalitätsfrage im Führungsverhalten ist, die Problemfälle gehören an die Oberfläche gebracht. Natürlich geht es meistens um viel Geld und wenig Einsicht. Die Warnsysteme werden auf sofortige Transparenz eingestellt sein und nicht erst rot blinken dürfen, wenn gewisse Volumina der Bedrohung erreicht sind. Es sind nicht die Hellseher, die verdächtiges Unternehmensverhalten aufrollen.

Sobald Unternehmen Zeichen setzen und globale Verantwortung bis ins Detail präsentieren, sind sie reif, für ihren Qualitäts-Level zertifiziert zu werden. Die Einordnung in die jeweilige Qualitätsstufe wird zum Aufputschmittel der New-Economy. Mit dieser Legitimierung schaffen sich Unternehmen ihr Design der Zukunft. Im Netzwerk des interdependenten Verhaltens ragen sie vorbildhaft hervor. Die Investition in Nachhaltigkeit macht sich bezahlt. Die Commitments dazu dürfen nicht halbherzig beginnen. Sie gehören zur Schlüssel-Einstellung, um wertvolle Bedingungen in der Wirtschaft aufzubauen und zu stärken.

Das spezifische Monitoring wird auf die globale Performance achten. Die neuen Formate im Nachhaltigkeits-Management werden von Kontrolle und Transparenz geprägt sein. Die Evaluierung wird zur Trumpfkarte. Sie setzt auf die Interaktion mit der Öffentlichkeit. Die Initial-Szenarien zur Nachhaltigkeit beschreiben die Optimierungen, die in den operativen Geschäftsfeldern denkbar sind. Sie werden auf die spezifischen Programme aufgeteilt.

14. WETTBEWERB IN DIE ZUKUNFT

Wie wird Zukunft gestaltet, oder wird sie nur manipuliert? Der Fortschritt schließt den gesellschaftlichen Wandel ein. Grundlegende Veränderungen werden in vielen Bereichen durchlebt. Die digitale Revolution macht es deutlich. Es wird nicht gleich vermutet, dass sie auf die Werte-Ökonomie wie die Faust aufs Auge passt. Das große Umdenken hat eingesetzt, nur die klare Positionierung scheint noch zu fehlen. Die Kompatibilität der verschiedenen Anforderungen wird erst in den Köpfen der Wissenschaftler, aber auch der praktischen Ökonomen ermittelt. Die pragmatische Nutzung sollte den ethischen

Vorgaben entsprechen, sonst hätte die globale Verantwortung keinen Sinn.

Ethische Einsicht klappt nicht unmittelbar, weil Freiwilligkeit ohne Einsicht und Gewinn-Aussicht nicht funktioniert. Globalisierung, Cybersicherheit, Klimawandel und Energiewende sind einige wenige der irritierenden Stichworte. Der Klimawandel ist wie er ist, jedenfalls muss gegen die Klimaschädigung im Sinne der Spezies Mensch auf allen Ebenen viel unternommen werden. Bevor die zentrale Lenkung durch Politik mit ihrem Behörden-Mechanismus zu Verboten greift, sollte die Wirtschaft selbst das Ruder übernehmen. Die Unternehmen wären geeignet, alle Kreativität zu gebrauchen, um am Change beteiligt zu sein. Der wirtschaftliche Leistungsdruck wird in diese Richtung gehen.

Nachhaltigkeit hat auch ihre Fallen. Man tappt hinein, wenn die Schlagworte bloß auf die Fahnen geschrieben werden. Die Prinzipien gehören herausgeschält, um ihre Zusammenhänge klar zu definieren. Und dann geht es ans Agieren. Nachhaltiges Verhalten bezieht sich nicht unbedingt auf Einschränkungen. Dort wo zerstörerische Auswirkungen zu befürchten sind, gilt klarerweise ein kompromissloser Stopp. Wo Lösungen anstehen, ist das Kombinieren und Erfinden vorzuziehen.

Die User drängen zunehmend auf die Wertung von Unternehmen. Die Sensibilität für Krisen wird diesen Trend nur verstärken. Der Ansatz der globalen Verantwortung ist unwiderruflich in die Entscheidungen der Management-Riegen eingebettet. Das Wohl der einzelnen Konsumenten wie das der Gesellschaft als Ganzes steht in den Steuerungsregeln der New Economy. Nicht die Abkehr vom Gewinnprinzip wird sich einstellen, sondern die Eruierung noch ungewohnter Vorstellungen. Die Wertschöpfung wird sich nach andersartigen Vorgaben richten. Die Bedrohungen von außen als auch die inneren Krisen werden sinnhafterweise in den Situations-Check eingebunden sein. Die Strategien werden strenger in kurz- und längerfristige aufgeteilt sein. Damit sind Gewinn und Verantwortung untrennbar verbunden. Die vielversprechenden Positionen erwachsen aus dieser Synthese. Digitale Kontrollsysteme werden zur Realisierung der Neuerungen anstacheln.

Sehnsüchte sind oftmals über das ökonomische Verhalten zu verwirklichen. Welche Hoffnungen der Menschheit werden geweckt? Vieles hängt vom unternehmerischen Mut ab, denn er kann ganze Lebenswelten verändern. Die geglückte Transformation in der Wirtschaft wird auf die Gesellschaft einwirken. Das neue Management hat seine Leistungsformeln. Es orientiert sich an den vergleichbaren Stärken. Darin steckt die unternehmerische Definition von Wachstum. Sie hat nichts mit Mengen zu tun. Sich nicht an die Optimierung zu halten, käme einem Scheitern gleich. Jedes einzelne Unternehmen hat seine eigene Visionen und Strategien zur Verwirklichung seiner Identität. Dazu braucht es die entsprechenden Manager und diese beanspruchen die nötigen Freiräume, sonst sind sie in ihrem Anspruch auf Erfolg gehandicapt. Die ethische Neubesinnung gehört zu ihrem Repertoire.

Welche Prinzipien greifen bei den Assoziationen im Management-Prozess? Es kommt Bewegung in das eingefahrene Getriebe. Die Phasen sind überschaubar, die

Alternativen austauschbar. Am Ende könnten sich die Konsumenten auch verweigern. Der Mythos der manageriellen Unfehlbarkeit wird entweder durch den sichtbar gewordenen Misserfolg verworfen oder präventiv durch den Zwang des gemeinsamen Handelns eines besseren belehrt. Die Multiple-Option-Society hat nicht ausgedient. Ihre Unwägbarkeit und Volatilität ist allgegenwärtig. Sie schafft sich selbst ihre Vorteile, man könnte von ihr profitieren. Sie ist berufen, im globalen Spektrum selbst-kreativ zu handeln. Man kann gespannt sein, was die Management-Konzeptionen einbringen werden. Kulturen werden gelebt, so wie die Wirtschaft und die Marken ihrer Unternehmen. Wie denkt die Gesellschaft darüber, fühlt sie sich durch ihr

Kaufverhalten noch mit involviert?

Die Konsumenten richten ihre Fragen direkt
an den Markt: was wird, wann und wo, von
wem und warum angeboten? Die
Unternehmen tasten sich an die direkten
Antworten heran. Im Feedback der
Öffentlichkeit erfahren sie dann, ob sie recht
oder unrecht haben. Der Moment der
Herausforderung ist gegeben, wenn auf das
Statement der Anbieter die Käufer reagieren.
Es schlägt die Stunde der Schlüsselkunden. Ihr
Wert ist den Unternehmen wohl bekannt. Sie
sind die Trendsetter des Verlangens und die
Quellen der Inspiration für innovative
Modelle. Sie sind diejenigen, die die
Nischenmärkte generieren.

Wie geht man damit um, die Schwerpunkte zu verlagern? Es gibt keine gelungene Maßnahme ohne Diagnose, keine Diagnose ohne Evaluierung. In der Klarheit der Erwartungen liegen die Stärken des Wirtschaftens. Es bleibt nichts anderes übrig, als sich mit der Realität auseinanderzusetzen. Schnell wird man in unbekanntes Gelände stoßen. Das kritische Denken aufgrund von Evaluierungen ist nicht verboten. Es wird sich vor allem in Bezug auf die Aufgaben, die auf das Unternehmen noch zukommen, regelrecht aufdrängen.

Es geht nicht darum, humanistische Softies zu züchten, aber die Zeit der Freaks des unbegrenzten Wachstums ist vorbei. Die neu zu errichtenden Projekte werden die plausiblen Begründungen auf Zukunftsträchtigkeit berücksichtigen. Kick-off-Anreize aus Ratings sind keine blutleeren Info-Veranstaltungen. Sie führen direkt in die qualitativen Wettbewerbs-Szenarien hinein. Kontinuierlich durchgeführt bewältigen sie die stets auftauchenden Mutationen. Für die Unternehmen haben sie absolute Geschäftsrelevanz. Doch der Veränderung nur zu folgen, wird nicht ausreichen. Das gekonnte Management wird   auf im Voraus geplante Aktivitäten erpicht sein. Es ist hochgradig unvernünftig, wenn eine Management-Form erst an ihre Grenzen stoßen muss, bevor sie zum Umdenken bereit ist.

Variabilität und Kombinationen des Denkens helfen auf die Sprünge, wenn der Vorsprung erreicht werden will. Falsch eingesetzte Methoden bringen nur schlechte Erfahrungswerte. Ein ausschließlich auf den Status-quo ausgerichtetes Bench-Marking ist untauglich, Zukunftsprobleme zu bewältigen. Wenn Manager in diese Falle hineinlaufen, werden ihre Projekte missglücken. Werden Daten unreflektiert, also nur um ihrer selbst willen und womöglich in Masse produziert, führt dies ins Management-Chaos. Kein Wunder, wenn dann die ersehnte Wertschöpfung brach liegt.

Nachhaltigkeit ökonomisch zu managen, steht auf der Wunschliste vieler Unternehmen.

Mehr Transparenz, mehr Entwicklungs-Sicherheit und mehr Innovations-Effizienz stehen auf dem Katalog der Portfolios. Wenn mehr Power für die Unternehmens-Entwicklung gefordert ist, wie werden dann die Umstellungen aussehen? Sie werfen ihre Schatten auf die Palette der Angebote eines Unternehmens. Da erfüllt die Zertifizierung den Zweck eines Dienstleisters am Mehrwert.

Die Challenge des optimalen Managens im Sinne internationaler Commitments taucht natürlich sehr schnell in unausweichliche Schwierigkeiten. Die Mechanismen der Schlichtung und Optimierung bewegen sich in neuen Gefilden. Marktverzerrende Effekte werden nicht selten durch Eingriffe der internationalen Politik verursacht. Diese Überlegungen werden verstärkt in die singulären Vorgangsweisen von Unternehmen einbezogen. Auf diesem Feld wird sich eine Alliance-for-Future des Managements beweisen. Die Corporate Social Responsibility und das ethische Committment mit seinen ökologischen und ökonomischen Implikationen stehen auf dem Spiel. Es ist unvermeidlich, dass die Öffentlichkeit mit einbezogen wird. Wenn Politik und Wirtschaft kongruent zusammenwirken, kann Gesundheit erhalten, Menschenrechte geschützt, der Planet mernschengerecht erhalten bleiben. Je stärker die „Geiz ist Geil"- Mentalität um sich schlägt, umso größer wird der Energieverbrauch, umso mehr ist Nachhaltigkeit gefährdet.

Während die Funktion des Ratings in der Offenlegung der Mitverantwortung liegt, ist die Aufgabe des Coachings, die Unternehmen auf Effizienz auszurichten. Am Ende des Messens und Evaluierens darf man sich mit der Diagnose nicht zufrieden geben. Im Modus der Umsetzung kommt es darauf an, eindrucksvolle Highlights zu kreieren. Sie werden erzeugt, indem für den Gesamtumfang Programme erstellt werden, die den Kunden und den Unternehmen gut tun. Die Effizienz-Revolution im Unternehmen wird erwartet, sie kann gelingen. Wie sonst sollte der Wandel eingeleitet werden? Das

Gegenteil wäre, in den fatalen Kreislauf der einfallslosen Routine zu verfallen.

So werden im entsprechenden Umfeld die Aufgaben intensiv und mutig diskutiert und bearbeitet. Coaching ist nichts anderes als eine Partnerschaft zur Verwertung und Umsetzung von Ideen. Wann wirkt Business-Partnering am besten? Es kann sehr leicht passieren, dass man beim Hinzufügen von Aktionen übertreibt und die Erwartungen übersättigt. Das Schöne an der präzisen Planung sind die feinen Kolorierungen einer Strategie. Auch wenn der rote Faden der Träger der Information ist, sind die Zwischentöne für die augenblickliche Wahrnehmung nicht unwesentlich.

Meinungen sind nicht nur zu hören, sie sind zu messen. Will man auf die Digitalisierung zugreifen, wird man sie zunächst mit den Vorgaben der Strategien konfigurieren. Dann ist sie auch in der Lage, die Routine der Prozesse zu beschleunigen. Die sinnhafte Verwertung von Daten ist letztendlich auf die intellektuelle Kompilierung angewiesen. Die Inhalte erst schaffen den Durchblick, um das Wissen zu transformieren und damit zu den Problemlösungen durchzudringen. Nicht allein die Zahlen werden gebraucht, sondern das Narrativ. Mechanisierte Daten führen bloß in die Krise. Der Wille zum Handeln braucht auch in der Ökonomie den Intellekt des Individuums.

15. MANAGEMENT-RITUALE

Die wenigsten rechnen in der Realität der Gegenwart mit dem Umbruch. Bald schon wird die Frage gestellt, wo die Wurzeln des Erwachens aus der Lethargie zu finden sind. Die gemeinsame Zukunft ist vereinbart. Nur welche Wege beschritten werden, ist noch nicht ganz klar. Deswegen greift man auch im Management auf Rituale. Sie sind keine Magie, aber sie bewegen unheimlich viel. Es sind nur die Dimensionen zu durchschauen und man stößt unweigerlich auf die neuen Komponenten des Gewinns.

Was ist mit Ritualen im Management

gemeint? Sie sind indirekte Instrumente der Steuerung. Unternehmens-Rituale werden dazu anregen, die Leistungspotenziale zu aktivieren und ihre Funktionen im Wettbewerb voranzutreiben. Unternehmen sind darauf angewiesen, sich mit Veränderungen auseinander zu setzen. Täten sie es nicht, gingen sie sehr schnell unter. Und da spielt die emotionale Komponente der Akzeptanz am Markt eine Schlüsselfunktion.

Wie wird Globalität unternehmensreif identifiziert? Wohin leitet der Kompass der Verantwortung zur Nachhaltigkeit? Sind die Vor- und Nachteile einmal in Beziehung gesetzt, entstehen natürlich Konfliktfelder. Sie werden nicht ausgesucht, sie bieten sich an. Sie lassen sich nicht so einfach verschieben, sie wollen beackert werden. Vorerst werden die Parameter definiert, um die Instrumente darauf einzustellen. Es ist ein ständiger Such- und Lernprozess, der zu neuen Axiomen des Handelns führt, das global zweckbestimmt ist. Die Vernetzung ist unausweichlich. Wie sichert man sich die Weitergabe der Vorteile?

Die Innovationswellen, auf denen gesurft wird, sind wie beim Wellenreiten zu nutzen, noch bevor sie brechen. Dazu gehört es, mit den Marktgegebenheiten nicht nur aus der eigenen Perspektive vertraut zu sein. Innovation wird zu einem gemeinsam erlebten Abenteuer. Nach dem Absurfen der

ersten Welle bietet es sich wieder an, gegen
die neu heranrollenden Wellenwände
hinaufzufahren. In der Ökonomie hängen die
jeweiligen Wellen, Szenarien genannt, von
den Bedingungen des Umfeldes ab. Und dann
kommt die Macht des Gefühls dazu, die den
manageriellen Denkprozess unterstützt. Dort
beginnt die Erstellung des Strategierahmens.
Dieser setzt sich in den Unternehmen aus den
Materialien der Ertragsdefinition, der
Marktperspektiven und der Diversifizierung
zusammen. Oberste Devise ist, den
Fortbestand des Unternehmens zu sichern.

Das angeforderte Rating wird zutage fördern,
wie, wo und wann die Leistung sich vollzieht.
Es schafft den Überblick, welche

Geschäftsmodelle sich im Ablauf welcher Phasen zur Optimierung der Wertschöpfung etablieren könnten. Dem Druck der Veränderungen widersteht man am besten im interdisziplinären Austausch. Plötzlich bieten sich unverhoffte Module an. Die Verantwortung, diese Prozesse zu steuern, liegt in den Händen der Führungskräfte.

Manager brauchen bloß die verborgenen Potenziale auffinden, dann schöpfen sie auch die erhofften Geschäftserfolge. Heutzutage widmen sie ihre Aufmerksamkeit viel zu viel dem Kostendruck. Die Kostenreduktion ist ihnen wichtiger als das Business-Werk. Da gehört eine frische Güterabwägung der

Erfordernisse hereingebracht. Gewiss ist der Kostendruck in der Globalisierung mehr denn je wahrnehmbar. Umso mehr wird sich die Sinnhaftigkeit der Nachfrage bewähren. Mit Innovationen klug umzugehen deutet darauf hin, eine universale Verantwortung auf die Schultern zu nehmen.

Vor überschätzten Türöffnern sollte man sich hüten. Die Chancen werden ausgewertet, sobald die jeweiligen Kapazitäten ausreichend gepflegt sind. Ob das Programm imstande ist, auch weiterhin positiv zu laufen, wird am besten extern gecheckt. Die Ergebnisse beschleunigen die Motivationsabfolgen. Der Wettbewerb verbessert sich durch die Praxis des ununterbrochenen Dazulernens. Auf den Plattformen der Entscheidungsfindung werden die Strukturen erdacht und gezimmert.

Zur Eruierung der Guidelines werden Businesspläne entworfen. Sie beabsichtigen die bestmögliche Konstruktion zur Entwicklung des Unternehmens. Je individueller die Pläne erstellt werden, umso besser passen sie sich dem Gefüge an. Business-Pläne sind ein Akt des Könnens und keine Pflichtübung nach vorgelegten Formblättern. Wer liest schon ein blutleeres Dokument, während die Aussagen der Effizienz wo anders liegen. Sie zu einem bloßen Werkzeug zu apostrophieren, degradiert ihren Background-Auftrag.

Diskursives Business-Styling erfolgt auf eine besondere Art. Die logische Absicherung findet sich in den schriftlich niedergelegten Philosophien der Unternehmen und in den aufeinander prallenden Stärken- und Schwächenanalysen. Gute Businesspläne fordern Punkt für Punkt zu konstruktiven Feedbacks heraus. Versehen mit den aussichtsreichen Contents, sind sie im geeigneten Zeitpunkt die idealen Trumpfkarten, Widerstände auszuräumen. Vor allem unterstützen sie die Organisation eines qualifizierten Development-Managements. Dieses erhebt ja den Anspruch, die gegenseitigen Abhängigkeiten zu entfalten und Neues zu schaffen.

Wie werden die idealen Handlungsfelder identifiziert? Die systematische Förderung von Anregungen gehört auf den Tisch der gemeinsamen Planung. Wer sammelt das Erfahrungswissen? Die Steigerung des positiven Outcomes erfährt man über die Erhöhung der Zufriedenheit aller, der Kunden, der Analysten, der Manager, der Gesellschaft. Das Wertvolle an Strategischen Allianzen ist das Zusammenspiel sämtlicher proaktiver Kräfte. Sie kompensieren die Auseinandersetzung unterschiedlicher Richtungen zu gelungenen Effekten. Gegenseitig werden die guten Ideen mit ihren Potenzialen zugeworfen. Objektiv ist festzustellen, welche potenziellen Partner dazu ausreichen. Schließlich bedeutet Veränderung einen Schritt ins relativ Ungewisse. Skalenorientierung kann nicht stattfinden, wenn keine Skalen ausgewertet worden sind.

Das Vertrauen der Konsumenten wird dadurch gestärkt, dass die Bewertungen aus Expertisen und nicht aus ‚gefakten' Kundenbefragungen gemacht werden. Die Bedingungen werden über Bewertung der Leistungserstellung gestaltet. Leistung und Zeit, Markt und Akzeptanz sind die Zonen, in denen sich das Management bewegt. Es findet seine Impressionen im Outsourcen der zielgerichteten Beobachtungen und

Bewertungen. Qualitätsziele kennen keine Begrenzung, sie stehen über den Quantitätszielen. Stets ist das Stimulierende herauszufinden. Danach richten sich sowohl die Marktstrategien als auch die unterstützenden Investments.

Wie dringt man zu den Ergebnissen vor? Was wirkt in der Umsetzung? In den Mechanismen der Vergleichbarkeit gibt es Determinanten, die den Aktionismus bestimmen. Sie werden im operationellen Marketing erkennbar. Die Gestaltung kommt nicht so von ungefähr. Die Leitbilder finden ihre Methodik. Sie ist in den einzelnen Fällen bloß noch zu formulieren. Matrix-Diagramme sind auf allen Ebenen der Entscheidungsfindung einsetzbar. Der

Trichter der Ideenfindung schließt sich in Richtung Bedarf. Der schlimmste Fall tritt ein, wenn Ideen überschätzt werden. Genauso ist ihre Unterschätzung für Unternehmen ungesund. Die Rating-Resultate müssen so zuverlässig sein, dass sie es dem Consulting ermöglichen, vernünftige Schlussfolgerungen zu ziehen. Wozu wird das alles gemacht, wenn es nicht zu Beginn eingeleitet worden wäre? Die Aufmerksamkeit kommt ohne Evaluierung nicht aus. Wie sonst sollten Unternehmen zu neuen Entwicklungen stimuliert werden!

Wenn vernetztes Denken für notwendig erklärt wird, ist es unerlässlich, dass die systemorientierten Ansätze eingeleitet werden und zwar ganzheitlich. Und da gilt es, die Lage richtig, korrekt und werteorientiert zu beurteilen. Optimierungen machen nur Sinn, wenn sie unter Berücksichtigung aller Eigenschaften und Beziehungen stattfinden. Ursachen und Konsequenzen füllen die Quadranten der Entscheidungsmatrizen. Es bringt auch nichts, sich nur auf ein Segment der Matrix zu konzentrieren. Das Gleichgewicht zwischen Anpassung und Erneuerung zu erhalten, hat in der Vorwärtsentwicklung das strategische Managements zu kultivieren. Viel Psychologie liegt in den Methoden des Beobachtens.

Wenn Unternehmen glauben, besser damit zu fahren, das rücksichtslose Vorpreschen der strategischen Überlegung vorzuziehen, werden sie sich bald auf der Rutsche des Misserfolges wiederfinden. Es bringt auch nichts, penibel die Kosten einzuengen, statt Geld entschieden in Investments zu pumpen. Der strukturelle Wandel hat seine beste Spielwiese in der Kommunikation. Innovationsmanagement ist aber nicht nur ein heiter interessantes Spiel, es verlangt gedankliche Grütze im selben Maß wie Arbeitsdisziplin. Die Dynamik des Change-Managements hat Gesetzmäßigkeiten, die man beachten sollte. Dramatisch veränderte Eckwerte sind meistens die Alarmsignale eines Frühwarnsystems.

Das ideale Unternehmen ist eine ständige

Lern-Organisation. Die Orientierung an den Bestleistungen der anderen wird nicht aufgegeben. Die Leistungslücken sind schnellstens aufzufüllen. Diese Wahrnehmung ist unbedingt notwendig. Dort wo der drohende Stillstand noch gar nicht bemerkt wird, braucht es den Anstoß zur Analyse und das Engagement zur Umsetzung. Solange ein Unternehmen an diesen Möglichkeiten arbeitet, ist es auf dem richtigen Weg. Man kommt auf die alten Vorzüge zurück und richtet sich danach, wie Resultate zu erzielen sind, am besten, indem man die noch versteckten Stärken entfaltet. Das ist das Um- und auf einer Führungskultur.

Jedes Unternehmen wird sein eigenes

Navigationssystem instand halten wollen. Also kann es in der vernetzten Welt auf die Verwertung der Evaluierungs-Ergebnisse nicht verzichten. Die jüngsten Wirtschaftsereignisse zeigen es klar, dass die Solidität in allen Zwischenprozessen Garant für die Existenzsicherheit der Unternehmen ist. Wohl steigern sich die Anforderungen zwischendurch, aber die Instrumentarien passen sich im Gleichschritt an die veränderten Vorgaben an. Wie sieht also die optimale Unternehmenssteuerung aus?

Sind einmal die schwerwiegenden Fehler erkannt, gehören sie auch eliminiert. Und dann geht es an die Leistungssteigerung durch ein funktionierendes Change-

Management. Vernünftigerweise wird zuerst die Informationsbasis geklärt. Auf ihre Transparenz ist Wert zu legen. Ungenutzte Potenziale gehören herausgespickt und aufgemöbelt. Ratings bereiten sie auf und verweisen auf die gültigen Spielregeln und Prinzipien. Die denkbaren Konsequenzen und ihre Eventualitäten sind Motivation zum wohlerwogenen Handeln. Auf das Grundmuster, das aus jeder Entscheidungs-Matrix herauszulesen ist, sollte man sich verlassen können. Die konzentrierte Programmierung führt alle Instrumente ins Treffen. Die Realität der Verantwortung wird die Abweichler Lügen strafen.

Führungsqualität ist ein oft in den Mund genommener Begriff. Auch sie hat ihre Regeln. Die Mobilisierung aller Eigenschaften und Fähigkeiten ist nicht auf Versuch und Irrtum angewiesen. Da das Führen mehr als ein Handwerk ist, wird es auch im freien Raum der Gefühle wirken. Darum wird es sich definitiv ins Vertrauen der gesamten Unternehmens-Crew platzieren. Das Zusammenwirken aller internen Kräfte sollte imstande sein, dieses Bild nicht zu verwässern. Das Tempo der Synergieeffekte einzuhalten, gehört zur Kunst des zielgerichteten Managements. Frustration und Ineffizienz sollten vermieden werden.

Auf diesem Hintergrund ist verständlich, wie

psychologische und betriebliche Aspekte zusammenfallen. Sie nicht im Griff zu haben, ist die beste Voraussetzung, ins Chaos der unternehmerischen Unzulänglich zu schlittern. Es eröffnet sich also das Ansinnen, mit den schwierigen Fällen korrekt umzugehen. Vor ihnen braucht man sich nicht zu fürchten, manchmal sind sie sogar die Regel. Die Grundhaltung des Managements wird auf die richtige Auswahl der Methoden greifen. Wenn auch die Parameter des ergebnisorientierten Handelns ihre messbare Funktion haben, wird eine zu enge Auslegung der Faustregeln für die großen Erfolge nicht ausreichen.

Projektmanagement braucht Phantasie. Von dem Informationen ausgehend beschäftigt man sich mit Wahrscheinlichkeiten und Prognosen. Sie sind keine willkürlich angesetzten Vermutungen. Wenn die eingegebenen Daten konstruktiv und fachgerecht in den Planungsapparat eingegeben worden sind, ist die Wahrscheinlichkeit größer, dass man mit seinen Aktionen Recht behält. Jedenfalls ergeben valide Daten Marksteine für die Zielsetzungen im Marketing. Aus dem Mix der Planaufstellung ist im Dickicht der Umwägbarkeiten meistens ein verheißungsvoller Weg auszumachen. Seine Richtung könnte ja zur Not auch geändert werden. Kontrolle und Anpassung werden so zur Regel. Wichtig ist nur, wie der Gang vorbereitet wird. Ohne eine fixierte Grundvorstellung in den Visionen ist kein Anfang zu machen.

Zukunftsbilder sind nicht aus einem Glücksarchiv gegriffen. Sie sind auch keine Utopien. Per definitionem kreisen sie um die Wahrscheinlichkeiten des Eintretens. Sie treiben zu etwas Neuem an, am besten, wenn es von der passenden Methodik begleitet ist. Für die Geschäftsfelder gilt, dass eine gewisse Wechselhaftigkeit in den einzelnen Branchen von vornherein vorhanden ist. Zutreffend managen bedeutet, dass sich die Positionen nicht verschlechtern. Die kurzfristige Schlappe ist nur dann akzeptabel, wenn sich im Hintergrund eine langfristige alternative Strategie anbahnt. Abwarten macht sich in einigen Fällen sogar bezahlt. Dann ist Geduld angesagt. Was sie einbringt, zeigen dann die Matrizen der Evaluierung.

Die finanziellen Ausgaben für den Einsatz neuer Technologien sind gut durchzuspielen, noch bevor die großen irreversiblen Investitionen getätigt werden. Langfristig amortisieren sie sich über die gerechneten Gewinnschwellen. Sie brauchen ja im Parallellauf auch den nötigen Werbeaufwand. Die Zukunftsszenarien entspringen den prospektiven Evaluierungen. Auf dem Programm steht die Feststellung des

Veränderungsbedarfs angesichts neu aufgetretener Parameter. Wer beherrscht diese Problembestimmung? Welche Bedingungen werden erforderlich sein, um bestimmte Absichten durchzusetzen? Wie sollten die Maßnahmen gestaltet sein? Die Realisierbarkeit aller Eventualitäten ist ernsthaft abzuschätzen. Wenn neue Situationen festgestellt worden sind, werden sich auch die Funktionalitäten ändern. Ein umfassendes Teamworking mit eingebautem Outsourcing bietet sich an, um die Problematiken vernünftig anzugehen.

Der Vorteil einer systemisch angelegten Skizze liegt darin, dass plötzlich auftretende Querschläge nicht allzu sehr überraschen und schon gar nicht verunsichern. Die Risikomerkmale werden visualisiert und übereinander gelegt. So entstehen Bilder, die sich einer möglichen Zukunftserwartung nähern. Natürlich wird zunächst auf die kurzfristige finanzielle Erfolgsrechnung geblickt. Die Aufwände werden den Erträgen gegenübergestellt. Dann gibt es aber noch den Check der strategischen Potenziale. Die rechnerischen Kennzahlen, angefangen bei Umsatz und Gewinn bis hin zum Kapitalumschlag, Cash-flow und Return of Investment, sind nicht nur finanzielle, sie sind strategische Parameter. Sie begleiten das Leitbild des Unternehmens im Aufbau der Szenarien und in allen proaktiven Schätzungen.

Sind die strategischen Geschäftseinheiten geschickt strukturiert, wird auch erkenntlich, was den positiven Output verursacht. Aus den Kombinationen der diversen Segmente ergeben sich Rangfolgen und Prioritäten. Die Vorgänge im Gesamtgeschäft deuten darauf hin, dass die einzelnen Units nicht voneinander getrennt behandelt werden dürfen. Von diesen Prämissen hängt die Effektivität des Linienmanagements ab. Sämtliche Nutzen werden gebündelt, sodann vom Markt selbst rückgemeldet und in Evaluierungen überprüft. Vergleiche mit den Mitbewerbern verweisen auf die dringenden Konsequenzen.

Es sind Abläufe der Funktionsorientierung, die

die Marktbewegungen definieren. Wie reagieren die Unternehmen auf die Marktschwankungen? Aus den Tabellen der Marktbeobachtung sind die Gesetzmäßigkeiten ersichtlich, die auf die Prognosen hinweisen. Wo werden die Stolpersteine geortet? Liegen die Probleme im Kundenverhalten oder in der allgemeinen Akzeptanz? Die Identität der Unternehmensziele beherrscht plötzlich die Szenerie. Die Anforderungen aus der Umwelt greifen in den Prozess der Veränderung ein. Die Unternehmen werden mit ihren Ankündigungen von Benefits reagieren. Wie sie das tun, wird Auswirkung auf das Umsatzvolumen und auf die Gewinnsituation haben. Störfälle und Chancen gehören gleichermaßen objektiv behandelt. Ratings helfen die Marktleistung realistisch und illusionslos zu erkennen. Sie sind die Grundlage für ein solides Management der Funktionen.

Welche Kriterien sind für die Veränderung wertvoll? Wie könnte sich die Marktleistung nach der Intervention aussehen? Die Fähigkeit zu reagieren und sich zu verändern, ist von großer Tragweite. Wie kann man sich geschickt in die übergeordneten Systeme, die den Markt bestimmen, einklinken? Clevere Unternehmen werden die Lebenszyklen ihrer Produkte und des Marktes so durchforsten, dass sich daraus Hinweise zu Spezialanfertigungen ergeben. Penibel werden die Leitfäden der Wettbewerbsstärke gesucht. Die Bereitschaft, die nötigen Alternativen zu realisieren, ist unverzichtbar. Ohne Umschweife definieren die Portfolios, wie der Entscheidungspfad der Attraktivität läuft. Er fordert zum möglichst baldigen Ausschöpfen des Gegebenen auf. Langfristig beschritten sollte er sich bewähren. Die Grenzen sind auslotbar, alles vernünftig Durchsetzbare geht hervoraus den Messergebnissen hervor.

Die Führungsriege erstellt die Leitsätze, ob es in Richtung Konsolidierung, Streichung oder Neuerung gehen soll. Ein ausgewogenes Portfolio sollte das Unternehmen gesund erscheinen lassen. Die Vorschläge haben jedenfalls mit der Wirtschaftlichkeit zu harmonisieren. Was ist üblich und was kann besser gemacht werden? Die Unterlagen zur Ausführung sind unmissverständlich und realitätsnah bereit zu halten. Die Koordination des Vorgehens obliegt dem professionellen Development-Management, das für den wirtschaftlichen Erfolg verantwortlich ist. Das Neue macht noch nicht das endgültige Gelingen aus, erst seine Durchdringungsstrategien bringen den Neubeginn. Alles andere sind nur Absichtserklärungen.

16. KUNST DES VERHANDELNS

Kommunikation beschreibt den Umgang mit dem Umfeld, mit den Menschen in den eigenen Reihen und mit denen draußen, von denen man etwas will. Nun hat man die Prozesse der Evaluierung und der Steuerung hinter sich und hat noch nicht restlos die Schleife des umfassenden Managements ausgekostet. Man sieht sich einer Unwägbarkeit ausgesetzt, der man nirgends entweichen kann. Das Verhandeln findet sich auf allen Stufen managerieller Aktivität. Das Schmieden guter Partnerschaften hängt vom Ausbalancieren des gegenseitigen Verstehens ab. Das gilt für die Beziehung im Coaching genauso wie in der Akquise oder im Vertrieb.

Worin besteht die Kunst des Verhandelns?

Die Legitimität des Kommunizierens in der Wirtschaft entspricht der Ideologie des bestmöglichen Managements. Bedauerlicherweise haben sich zahlreiche Stümper beeilt, sich in den Netzwerken der neu aufgekommenen Technologien einzunisten. Das ist ein äußerst störender Faktor für das rationale Verhalten in den ökonomischen Strukturen geworden. Trotz allem bietet sich die Möglichkeit, eine objektvierte Nützlichkeit in die Medien-Praxis einzubringen. Die seriösen Variationen des Evaluierens und Zertifizierens berühren überdies auch die Werbung und die Public-Relations.

Die einzelnen Verhandlungsphasen setzen auf eigene Impulse. Üblicherweise gehen Geschäftspartner von unterschiedlichen Zielvorgaben aus. Hauptfaktor der Verhandlungen ist somit die Annäherung divergierender Interessen. Mobilisiert wird das Spektrum der umfassenden Ansichten auf beiden Seiten. Der Richtfaktor Nummer eins beim Einstieg in Verhandlungen bleibt, Konflikte so weit wie möglich zu vermeiden. Das Verhandeln gewährt einen verstärkten Einblick in die Problematiken des Gegenübers. Die Fähigkeit, den gegenseitigen Austausch im Verhandeln in fairer Weise zu forcieren ist davon geprägt, wie mit Widerständen umgegangen wird. Verhandlungen sind Sache der Planung und der Kommunikation. Inhalt und Überzeugung sind die Träger des Prozesses der Verständigung.

Die präzise Definition der Zustände ist die Voraussetzung freien Verhandelns. Definitionsschwächen schaffen Leerläufe, die schwer aufzufüllen sind. Manager sollten die Techniken des Konferierens und Verhandelns ebenso beherrschen wie im Vorfeld die Praktiken des Analysierens. Verhandler sind keine Maschinen, die unentwegt nur positive Erklärungen herausspucken. Mechanische Apparaturen sind dazu noch viel weniger imstande. Lösungsorientiertheit steht im Vordergrund. Sie hängt von fachlichen Determinanten ab, aber nicht weniger von psychologischen Variablen.

In der Vielfalt der Herangehensweisen generieren die Verhandlungspartner ein gemeinsames Wissensklima. Das passiert nicht von allein. Wofür die einen passioniert sind, macht die anderen unglücklich. Es ist kein schlechtes Zeichen, wenn beide Parteien derart voller Energie strotzen, dass sie auch ihre Gefühlsinhalte auf den Tisch legen. Dennoch ist Umsicht geboten, damit die Gespräche nicht vorschnell durch Krisenanheizung abgebrochen werden. Wenn kontrovers diskutiert wird, kann trotzdem nur eine Ansicht objektiv richtig sein. Dies sollten faire Vertragspartner beachten.

Die oftmals gegensteuernden Motivationen lassen sich durch die Rationalität der Argumente ausgleichen. Spiralenhaft bauen sich die Begründungen zur Dynamik des gemeinsamen Handelns auf. Werden die Profile genauestens definiert, entsteht ein gemeinsamer Nenner für profitable Win-Win-Situationen. Denn es sind oft nur die Missverständnisse des Irrationalen, die den Hemmschuh bilden.

Wie die Inhalte vorgestellt werden, davon hängt die Zustimmung der Gesprächspartner ab. Die Aufbereitung der Informationen ist penible Vorarbeit. Das geht nicht über Facebook oder Twitter-Bahnen. Twitter und Co motivieren auch sonst zum absichtlichen Missverständnis. Telegrammartige Schnellinfos vermelden brandheiße Ereignisse, sollen sie jedoch in die Tiefe gehen, zwitschern sie nur Unsinn. Sie vernebeln, was falsch und was richtig ist. Da braucht es gar nicht den Hinweis auf all die Hass-Postings und absichtlichen Fakes. Sie sind weder neutral noch objektiv in ihren Mitteilungen. Wer von vornherein ungefiltert den Botschaften in den digitalen Netzwerk alles glaubt, ist selbst schuld.

Falschmeldungen und tendenziöse Beeinflussungen sind nicht nur ein schlechter Gesprächsstil, sie schaden grundlegend dem professionellen Verhandlungsprozess. Durch sie ist die Gleichwertigkeit der Partner in Frage gestellt. Im Idealfall entwickeln die beteiligten Parteien ein Bewusstsein, mit dem sie in den Statements aufeinander vertrauen können.

Die Correctness der Überzeugungsarbeit hängt von der Genauigkeit der ermittelten und verarbeiteten Daten ab. Sie bestimmen die kommunikative Ausprägung und die Interpretation der Definitionen. Matrix-gesteuerte Argumente dürfen die psychologischen Aspekte des Kommunizierens nicht vernachlässigen. Auch da gibt es bewährte Methoden, sich in die Vorstellungen des Gegenübers einzufühlen.

Emotionale Fehlgriffe im Verhandeln sind äußerst belastend. Wie wichtig erscheint bei solchen Anlässen das Moderieren einer dritten Person. Sie sollte befähigt sein, die noch unerkannten Interessen von den eingefahrenen Standpunkten zu trennen. Die Wahlmöglichkeiten lassen sich objektiv vermitteln. Dann gibt es ja noch den „Plan B", wenn keine Einigung vorläufig in Sicht ist. Dazu wurden ja auf beiden Seiten Alternativen entwickelt. Wenn Fragen nicht behandelt werden konnten, bedeutet es ja nicht gleich ein Zurückziehen, Abwarten und Tee trinken, wie es so schön heißt. Es gehört zu den wertvollen Fähigkeiten, das Ruder im letzten Moment noch herumzureißen.

Die einmal gesetzten Signale dürfen nicht geheim bleiben. Zur klassischen Kommunikation kommt die Fülle der Möglichkeiten der digitalen Berichterstattung hinzu. Damit hat sich die Klaviatur der Beeinflussung erweitert. Auch die digital kommunizierte Zertifizierung ist keine Chimäre. Sie stärkt das Verhältnis zwischen Kunden und Unternehmen. Sie darf nur nicht in Automatisierung aufgehen. Vielfältig sind die Bewusstseinsformen im Management, wie die Ziele erreicht werden können. Die Funktionen haben sich erweitert, sie werden nur nicht sofort adaptiert. Welche Erfahrungen werden weitergegeben? Um die Wirkungsweise der Statements zu überprüfen, sind sie systemisch aufzugliedern. Denn die Qualität des Services und der Produktangebote hängt von der Art und Weise ab, wie die Information formuliert wird. Die Grundsätze des bestmöglichen Kommunizierens sollten nicht gegeneinander gerichtet sein. Der Umgang mit den Strategien und ihren Merkmalen, die in Evaluierungen getestet worden sind, ist auch die Öffentlichkeit gedacht. In dem Maße als die Erfolgsnachrichten seriös über die entsprechenden Kanäle verbreitet sind, können Unternehmen auf ihre Glaubwürdigkeit pochen.

Der Prozess der Akzeptanz ist mehrstufig. Die ehrliche Kommunikation beschreibt zunächst einmal die Prozesse der Veränderung. Man könnte sich doch an die drei Siebe des Philosophen Sokrates halten: „Ist es wahr, ist es positiv, ist es notwendig?" Etwas irgendwo gehört zu haben, ist recht vage und wird nicht selten realitätsgetreu wiedergegeben. Da empfiehlt sich schon eher die systematische Vorgehensweise, den Zyklus der Verhandlungen zu gestalten. Der zweckmäßige Modus besteht darin, das nötige Wissen stets abrufbar zu halten und geschliffen auf das Ping-Pong-Spiel der Argumente zu reagieren. Wie wird der jeweilige Standpunkt ermittelt? Wenn alle Teilnehmer die Beziehungsmuster begriffen haben, werden unnötige Drucksituationen vermieden. Das Herausfiltern von Alternativen könnte der Übereinstimmung förderlich sein. Wenn dies nicht gelingen sollte, liegen die Unvereinbarkeiten offen auf dem Tisch. Die Offenheit hilft, die Reaktionszeiten nicht zu verzögern. Auch die professionelle Kommunikation hat ihre unterschiedlichen Schattierungen.

17. REPUTATIONS-MANAGEMENT

Was wollen Unternehmen im Magnetfeld der Akzeptanz? Sie brauchen die Betonung ihres Prestiges. Denn die Zeiten des Wirtschaftslebens sind turbulent geworden. Die Zivilgesellschaft macht Druck. Die Präferenzen bei den Konsumenten ändern sich. Stabilität und Sicherheit läuft heute über globale Verantwortung. Dem können die kleinen und mittelständischen Unternehmen nicht ausweichen. Aber auch die großen Konzerne werden die Veränderungen zur Kenntnis nehmen, ohne präpotent wirken zu wollen. Der immaterielle Unternehmenswert bedingt den materiellen. Die Handlungen jedes Management-Formats haben Wirkung auf die Verlaufsmöglichkeiten im Marktgeschehen. Man muss nur wissen, zu welchem man sich bekennt.

Was die Öffentlichkeit wahrnimmt, beeinflusst die Entscheidungen und Aktivitäten der Unternehmen. Schon allein aus diesem Grund müssten sie sich für die Pflege ihrer Reputation Zeit nehmen. Die lebendige Vorstellung vom Wert der eigenen Organisation und die Bewertung ihres Erfolgs werden zu neuen Initiativen anregen. Die Überzeugungsarbeit muss sitzen. Die Reputation hat man nicht gleich, man schafft sie sich.

Aus den Ratings heraus könnten
Unternehmen möglichst rasch die wichtigsten
Erkenntnisse in Konzepte umwandeln. Die
Anregungen sind wertvoll, das lässt sich nicht
verleugnen. Konstruktive Hinweise aus den
Evaluierungen sind in der Lage, aus
Schwächen Stärken zu machen. Die
objektivierte Darstellung der Zustände von
Unternehmen wird unterschätzt. Die
Management-Etagen werden sehr schnell
begreifen, dass die Neuausrichtungen zum
Reputations-Management unermessliche
Aussichten auf wirtschaftliches Gelingen in
sich bergen. Das Design der Nachhaltigkeit
wird zur Erfolgsformel.

Das Prestige in der Globalisierung lässt sich

klassifizieren. Es interessiert die Öffentlichkeit zunehmend, wie ihr der Inhalt der globalen Verantwortung näher gebracht wird. Die so provozierte kreative Unruhe wird die Spezialisten von Bewertung, Kommunikation und Technik wachrütteln. Die Umsetzung ihrer Leistungen im internationalen Handel heizt die Identitäten der Unternehmen an. Die Gewinnspannen richten sich danach. Es steckt eine potenzielle Macht hinter dieser neuen Welt der Wirtschaft. Die Wende im strategischen Denken hat schon längst eingesetzt. Der Einfluss der Reputation auf den Unternehmenswert ist unverkennbar.

Corporate-Reputation wird zur Kernaussage der Identität eines Unternehmens. Sie folgt nicht dem Ablauf des Zufalls. Sie will gemessen sein. Nur so kann sie an die Öffentlichkeit dringen und zwar konkret in ihren Elementen der Nachhaltigkeit, der Zuverlässigkeit, der Glaubwürdigkeit und der Sicherheit. Reputation ist mehr als nur eine Sache der Einstellung. Sie ist glasklarer Ausdruck des manageriellen Handelns. Die Beglaubigung in Zertifikaten ist der gewünschte Nachweis. Die Cash-flow-Jongleure werden ihre Sicherheit vermehrt aus der Unternehmens-Reputation schöpfen.

Story-Telling allein ist zu wenig, Ratings sind faktengebunden und sollten mit fundierter Argumentation nicht nur die Unternehmen, sondern auch die Öffentlichkeit informieren.

Sollten es große Investoren nicht schaffen, solche Agenturen zu etablieren, müsste ein globales Crowd-Funding seitens der Unternehmen es zuwege bringen. Sie müssten an der Erweiterung ihres eigenen Marktwertes interessiert sein. Es ist unerlässlich, sich darum zu kümmern.

Am Point-of-Sales setzt sich das mobile Bezahlen durch. Viel wichtiger ist noch, dass es durch mobiles Informieren ergänzt wird. Das Einkaufsverhalten verändert sich. Prestige suggeriert Sicherheit und Verlässlichkeit. Es lässt die Leistung der Unternehmen aus der Masse herausstechen. Die positiven Wertungen von Unternehmen erstrecken sich auf die Ausbeute von

Entwürfen im Engagement für Nachhaltigkeit. Globale Verantwortung deckt die negativen Elemente wie krisenartiges Verhalten, fehlgelaufenes Managements, fehlende Corporate Governance, schlechthin die fehlende Authentizität von Unternehmen schonungslos auf.

Wie finden Unternehmen zur gesicherten Orientierung? Die verschiedenen Steuerungssysteme, die zur Verfügung stehen, folgen grundsätzlich den üblichen Mechanismen der ökonomischen Ausrichtung. In Best-Practice sind sie Unternehmens-individuell ausgerichtet und haben spezifische Ansätze. Diese lassen sich von außen feststellen. Die Kooperation mit den Instanzen des Ratings und des Consultings stärkt die Lebensfähigkeit und die Zukunftschancen eines Unternehmens. Denkanstöße als auch Warnsignale werden systematisch eingebracht. Sie sind die Voraussetzung für die notwendigen Transformationen. Die Systemzusammenhänge sind nicht im kleinen Kämmerlein zu eruieren. Dort wird es nicht gelingen, mit Ungewissheiten zurechtzukommen. Das Management sollte sich möglichst viele Optionen offen lassen. Flexibilität ist ratsam, will man die Rentabilität in Gang halten. Neue Arbeitspraktiken werden ersonnen. Der Workflow im modernen Unternehmen fließt über die Reputation. Es ist nicht allein die

Orientierung in den Prozessen, die die Richtung vorgibt. Die Kraft der Unternehmenskultur zieht an den Strängen der Entscheidungen. Die Inspirationen werden sich gegenseitig vorantreiben. Die ersten Schritte dahin wurden bereits getan. Der Start in diesen globalen Prozess wird kaum noch zurückgepfiffen werden können.

Der Anspruch der Zeit ist nicht aufzuhalten. Es hat nichts damit zu tun, sich womöglich mit negativ gepolten Unternehmen anzulegen. Dahinter steckt nicht die Vermutung des erschlichenen Vorteils, sondern die ethische Erinnerung. Angst wird bei den einen oder anderen mitschwingen. Wenn die Art und Weise des Handelns nicht mehr beachtet wird, droht der Betrug an den Konsumenten. Diese sollte wissen, was sie kaufen und was sie konsumieren. Die Interaktivität im Rating-Modus unterstützt die Glaubwürdigkeit der Ausrichtung der Wertschöpfung. Wenn die Ökologisierung in d die erste Reihe der Entscheidungen vordringt, dürfen dennoch nicht ihre Kosten auf dem Rücken der Arbeitnehmer ausgefochten werden. Das sollte zum weltweit angelegten Maßstab werden.

Halten sich die Anstrengungen in Ökologie und Gerechtigkeit die Waage bleibt noch die Geschäftsintelligenz mit ihrem Innovationsanspruch, der befriedigt werden will. Erst dann ist die Nachhaltigkeit der

Ökonomie abgedeckt. Vorläufig bereitet es noch Schwierigkeiten, die Transparenz dazu aufrecht zu halten. Es wird noch viel zu wenig beobachtet, analysiert und daraus schlussgefolgert. Das moderne Management ist auf Agilität ausgerichtet. Es ist auf die Bereitschaft angewiesen, ständig neue Lösungen anzubieten. Die Geschäftsmodelle und mit ihnen die Produkte und Dienstleistungen werden so aufgestellt, dass die Transformationen weit in die Zukunft beachtet bleiben. Alle warten auf die Antworten, die von den Unternehmen kommen. Wie lässt sich Fairplay in der Globalität durchsetzen?

Manchmal werden nur Kulissen errichtet und

niemand weiß so richtig, ob sie zur Selbstdarstellung oder zum Design des Wandels dienen. Die Wirtschaft könnte sich sehr bald ganz anders präsentieren. Die Management-Methoden richten sich danach. Das ist für einige sicherlich gewöhnungsbedürftig. Die Inszenierungen werden in gewisser Hinsicht spektakulärer. Der Ausblick ist vielversprechend und eindrucksvoll. Ein neuer Spirit wird im Managementdenken Einzug halten. Panikmache ist tabu. Die Herausforderungen sind groß, dementsprechend auch die Inszenierungen von großer Tragweite. Die täglichen Auseinandersetzungen um die großen Themen der Innovation, der Globalität und der Finanzierung werden spannend bleiben. Recht behalten werden diejenigen, die sich aus den Evaluierungen heraus ordentlich promoten lassen. Die brennende Frage wird sein, wie Nachhaltigkeit schmeckt. Wer verursacht Negatives? Die Cleveren werden sich vor schlechter Nachrede hüten wollen. Auf die Attraktivität ihrer Programme wird es ankommen.

Mikro-Chips und revolutionierende Technologien kommen verstärkt zum Einsatz. Zum anderen wird es auf die Systeme der konzentrierten Problemlösung ankommen. Ohne außergewöhnliche Ideenfindung würden sonst zu viel Opfer zu beklagen sein. Was heute gebraucht wird, kann morgen schon verhängnisvolle Konsequenzen haben oder auch schon verschwunden sein. Die Prinzipien des menschlichen Lebens jedoch werden nicht vorübergehen.

Die Unternehmen dürfen nur nicht den Count-down des Change-Managements in seiner Gesamtheit verschlafen. So manche Entwicklung ist vielleicht von der bisher gedachten Logik her schwer zu verstehen. Aber sie wird vorhanden sein und es ist erforderlich, mit ihr vernünftig umzugehen. Wer im Management nicht abstrakt denken kann, ist für strategische Aufgaben nicht geeignet. Es ist inakzeptabel, erst wach zu werden und einzuschreiten, wenn das Negative schon überhandgenommen hat. Das verpflichtet zum Vorausschauen, zur Planung und zu Frühwarnsystemen. Ratings weisen darauf hin, dass Veränderung aus symbiotischen Szenarien besteht. Die Funktionstests sind der Anstoß zur Veränderung. Es ist besser früh hinzuschauen, als das Nachsehen im Wettbewerb zu haben.

Die Zertifizierung wird zur Trägerrakete im Branding der neuen Ideen. Mit dem Bewusstsein für Nachhaltigkeit darf das Wohlgefühl des Gewinns nicht schwinden. Im Gegenteil befruchten sich beide Stoßrichtungen gegenseitig. Ihre Pros und Kontras schließen sich zu einer sinnvollen Ergänzung zusammen. Die Elastizität der Problemlösungen trägt zur Straffung des positiven Wirtschaftsgefüges bei. Die Formen werden nach den Bedürfnissen am Markt definiert. Verfehlte Bahnen in der Management-Simulation machen alles nur schlimmer besonders, wenn globale Verantwortung missinterpretiert wird.

Stimmungsstörungen sind in der Ökonomie fehl am Platz. Emotionalität im Strategieverhalten schafft sehr leicht Antifaktizität. Deswegen darf Kontrollverlust nicht stattfinden. Dann wäre Nachhaltigkeit auch kein dominantes Element in den Wirtschaftsbereichen. Das kann niemand wünschen, weder Unternehmer noch Konsumenten. Rating als Katalysator der Unternehmen ist auf Veränderung ausgerichtet. Das fordert zu einem gut organisierten Change-Management heraus. Nachhaltigkeit ist nicht allein Klimaschutz und ökologisches Bewusstsein. Soziale Verantwortung gehört dazu ebenso wie wirtschaftliche Sicherheit und Stabilität. Diese Positionen in Angriff zu nehmen, wird sowohl Manager als auch Unternehmer bewegen. Sie wollen ja Erfolg haben. Dieser wird in Zukunft auf ganz andere Weise erreicht. Die Voraussetzungen und die Methoden haben sich geändert. Die globalen Einflüsse mischen sich in die Prozesse der Entscheidungsfindung. Das Managen ist neu zu interpretieren.

18. SET-UP NACH KRISEN

Die Welt und mit ihr die Wirtschaft sind komplexer geworden. Globale Verantwortung kann nicht parzelliert werden. Mehr denn je hat der Slogan „Act local, think global" seine Bedeutung. Solidarität ist eine Form des Selbstschutzes. Das hat auch die Wirtschaft bereits festgestellt. Wenn ein Umdenken in den Unternehmen notwendig ist, muss es auch kontrolliert werden. Selbst fabrizierte, ungeschulte Interpretationen von Marktsituationen schaffen nur neue Gefahrenherde.

Was macht die Proaktivität nach Krisen aus?

Nach der Krise muss nicht unbedingt vor einer neuen Krise heißen. Das Management muss sich erst einmal auf die chaotisch reagierenden Märkte einstellen. Vor allem hat man den klaren Überblick aufrecht zu erhalten. Die Sondereffekte nach einer Krise gehören herauskristallisiert, denn sie machen es schwer, Kennzahlen zu vergleichen. Einmalige Aktionen der Geschäftstätigkeit sind unter die Lupe zu nehmen. Bestimmte Unternehmensteile müssen im Sinne globaler Vorzeichen neu ausgerichtet werden. Immer noch grassiert die falsche Interpretation des Begriffs „Globalität".

Es gibt sie nicht, die Entzauberung der Globalisierung. Auf die richtige oder falsche

Handhabung kommt es an, sie ist das Kriterium. Wie betreibt man globale Nachhaltigkeit? Wie erfolgt nachhaltiges Unternehmens-Management? Globalisierung ist nicht internationale Gleichschaltung, ganz im Gegenteil signalisiert sie intensiven Wettbewerb in allen Belangen, sowohl in den Konzeptionen als auch in den Ausführungen. Wenn man ein Element aus dem Räderwerk entfernt, hat es allerdings Auswirkungen auf das gesamte Netzwerk. Dessen ist man sich in der Globalität bewusst. Jedes einzelne Element ist in der Breitenwirkung identifizierbar, steuert sich aber selbst. Mit dem globalen Verständnis ist es in etwa so, wie mit großen Konzernen. Dort wird nach der jeweiligen Bauart zwischen internationalen und multinationalen Konstruktionen unterschieden. Während internationale Unternehmen von einer Zentrale aus agieren, sind multinationale Unternehmen aus autonomen Sub-Einheiten auf der ganzen Welt zusammengesetzt.

Welcher Prozess bringt die Unternehmen nach einer unerwünschten Auszeit wieder in Gang? Die Zukunft liegt vermutlich in der Hinwendung zur Nachhaltigkeit sowohl im Management als auch beim Kaufakt. Es gehört überlegt, wie die beiden Pole korrelieren. Die Entscheidungen in Nachhaltigkeit werden für beide Seiten der Richtwert zur Qualität sein. Das wirtschaftliche Denken darf sich vor der

Vielschichtigkeit der Merkmale nicht versperren. Multidimensionalität versorgt sich mit kontrollierter Information. Nach einer Krise ist es schädlich, unqualifizierte Handlungen von unqualifizierten Personen vervielfältigen zu lassen, nur um vorübergehend Arbeitslosenquoten zu drücken. Weder den Unternehmen noch der Gesellschaft wird damit geholfen. In der Wirtschaft haben Wahlverfahren nichts verloren. Gewählt können ja auch Dummköpfe werden. Im Auditing ist es schon nicht mehr so einfach, dass Dilettanten in die Unternehmens-Prozesse infiltriert werden.

Was ist das Richtige? Zuerst hören, dann

messen, dann überlegen, dann handeln. Eine wesentliche Strategie im Marketing-Management ist die Diversifikation. Sie ist auf einer Vielzahl von Ebenen zu beachten, in der Zielgruppenauswahl genauso wie in den Lieferketten, im Produktangebot oder in der personalen Organisation. Globalität umfasst unter anderem das Prinzip der Streuung. Die Portfolios sind auf die Aufteilung der Risiken ausgerichtet. Damit werden Produktivitätsfelder geographisch auf verschiedene Ländergruppen aufgeteilt. Das Reputations-Risiko erhält eine zusätzliche Bedeutung.

Interessant ist die Auswirkung von Krisen, wenn die Wertschöpfung neu justiert wird.

An der Konstruktion effektiver Strukturen darf nicht gespart werden. Was wird in den neuen Zeiten prioritär angesetzt? Was kann oder muss sogar besser gemacht werden? Möglicherweise werden die Produktions-Strategien geändert, das Billige wird aus dem Raster fallen. Die Macht der Nachhaltigkeit wird sich letzten Endes durchsetzen. Das Power-Play des Gewinns erhält eine neue Richtung. Resilienz als Flexibilität in den Lösungsangeboten ist das Gebot der Stunde. Widerstandsfähig müssen Mitarbeiter, Teams und Führungskräfte genauso sein wie die Entwürfe der Unternehmen. Wenn es zu einem Re-set kommt, ist man auf die Messergebnisse von Situationen und Aktionen angewiesen. Chancen werden kreiert, indem man sie rechtzeitig erkennt und dann auch hartnäckig verfolgt. Es sind dies Sortierungsvorgänge, die definieren, warum etwas mit welchen Folgen entschieden werden muss. Die Trennung von Rationalität und Irrationalem macht den Prozess der Entscheidungsfindung aus. Es ist eine ständige Auseinandersetzung mit den Erwartungen, die plötzlich unterminiert werden könnten.

Ratings gewährleisten die Tragfähigkeit des nachhaltigen Managements. Die ‚Alerts' sind sowohl für Kunden und User, als auch für die des strategischen Marketing-Abteilungen interessant. Wie werden sie aktiviert? Die bleibenden Folgen von unklaren Innovationen oder von fragwürdigen Management-Entscheidungen sind rechtzeitig richtig einzuschätzen. Die Spuren des Effizienzgewinns werden mittels Nachhaltigkeits-Tracking verfolgt. Wenn die Projektierungen zu spät veranlasst werden, sind die Folgen oft irreparabel. Es gibt zu viel Dilettantismus in wichtigen Situationen, der dazu führt, dass voreilig falsche Maßnahmen gesetzt werden. Zwar ist man im Nachhinein klüger, das kann aber nicht die Ratio des Handelns im Management sein.

Um weiter zu kommen, darf nach der vorsorglichen Evaluierung nicht Halt gemacht werden. Der Sinn eines begleitenden Coachings fällt ins Gewicht. Wenn sich nur nicht zu viel Experten-Imitatoren und Scharlatane einschalten würden. Sie treiben sich leider allzu gerne in den neuen Medien herum. Auch da ist Achtsamkeit angesagt. Evidenzbasiertes Coaching und Management sind nicht dazu da, zu unterhalten, sondern Unternehmen auf Vordermann zu bringen. Zu vermeiden ist das kurzfristige Denken, das auf die Glaubwürdigkeit verzichten möchte. Unternehmen, die dem Reputationsverlust entgegen wirken wollen, müssen sich in die Dimension der Bewertung ihrer Nachhaltigkeit wagen. Bemerkenswert an diesem Axiom ist, dass es branchenübergreifend gilt und unabhängig von der Unternehmensgröße ist.

Der ökonomische Spielraum der Optimierung

wird zusehend von den Arbeitsbedingungen, der Transparenz der Lieferketten und dem Vertrauen in das Ethik-Management bestimmt. Die Konditionen im Handel und die Lobbying-Praktiken werden die Reputationspflege ausmachen. Die Erwartungshaltung an die zukünftigen Unternehmenschancen ist groß. Im selben Ausmaß wächst das Messvolumen im Rating. Die politischen Wirklichkeiten sind dabei nicht zu übersehen. Politisches Bewusstsein wird von der ökonomischen Thematik nicht mehr zu trennen sein. Das Reputations-Management wirkt sich auf die gesamte Weltwirtschaft aus. Es gilt, diese Sensibilität in den Unternehmen zu entwickeln.

19. DER SWING IN DIE INNOVATION

Die ökonomische Verantwortung endet nicht in der analogen Welt. Auch digitale Propaganda und virtuelle Fehltritte sind über Controlling in den Griff zu bekommen. Wirtschaft und Gesellschaft berufen sich auf diese Kompetenz, um gegensteuern zu können. Ein professionelles Monitoring lässt die Zusammenhänge erkennen. Die Verantwortung bleibt aber nicht beim Rating stehen. Die User selbst sind verpflichtet. So erhalten die Interaktionen am Markt einen neuen Hintergrund. Die Abläufe werden sich auf den Schienen der modernen Technologien verschieben. Umso mehr ist auf die Wertigkeit der Inhalte zu achten. Die Erfolgsfaktoren drücken sich in neuen Kompetenzfeldern aus.

Es ist Aufgabe der Unternehmen, das Verhalten der Kunden nicht nur zu befriedigen, sondern auch auf adäquate Bahnen zu lenken. Das ist der Drahtseilakt, der im Rating aufgeschlüsselt wird. Ein Fehltritt in den Entscheidungen kann sehr schnell dramatische Auswirkungen haben. Auf äußere Einflüsse rechtzeitig zu reagieren, bringt in der Technik und im Management Vorteile. In einem solchen Multi-Channel-Universum kann mit der Macht der Daten viel bewegt werden. Umso wichtiger ist es, negative Auswüchse in den Griff zu bekommen. Zum Monitoring gehört dazu, herauszubekommen, ob Marktsegmente unheilvoll ins Trudeln geraten könnten. Wer kauft welche Kompetenz, zu welchem Zweck, wo ein?

Monitoring und Rating ist das effiziente digitale Business-Modell der zukünftigen wirtschaftlichen Verantwortung. Die Gültigkeit des Bench-Marking beschränkt sich nicht allein auf den Finanz-Sektor, sondern gilt genauso für den Hi-Tech-Bereich oder die Gesundheits-Services. Monitoring ist notwendig, um Irritationen großen Ausmaßes zu vermeiden. Sie zu ignorieren, würde allen Marktbeteiligten schaden. Auch die großen Unternehmens-Kaliber haben auf die globalen Trends, die durch die technologischen Umwälzungen bedingt sind, zu achten. Ganze Branchen könnten umgekrempelt werden und die großen Klassiker würden überrascht das Nachsehen haben.

Inzwischen wissen ja die meisten, dass analoge Wirtschaft und digitale Technologie kein Widerspruch sind. Wie die Symbiose optimal konfiguriert wird, ist eine Frage des vorausschauenden Überblicks. Es ist die große Herausforderung an die Leadership-Kompetenz der Rating-Agenturen. Sie verkörpert eine große Chance. Denn sowohl die ökonomischen als auch die technologischen Innovationen dürfen die gesellschaftliche Entwicklung nicht überholen oder gar konterkarieren. Der Innovationsdruck, sich mit den globalen Tatsachen zu versöhnen, steigt unaufhaltsam an.

Die in Aussicht stehenden Geschäftsmodelle könnten ja zu einem Zeitpunkt durcheinander gewirbelt werden, bevor noch die Strategen an ihre Umsetzung herangegangen sind. Wo spielen sich Disruptionen ab und welchen Stellenwert muss man ihnen einräumen? Disruption ist die radikale Umstellung auf völlig anders geartete Modelle hin. Trotzdem ist sie voraussehbar. Die Folgen können rechtzeitig eingeschätzt und damit das sollte das schonungslos Überraschende vermieden werden. Beispielsweise brauchten die umweltschonenden Technologien mit den traditionellen Modellen nicht schlagartig brechen. Man braucht bloß den ökonomischen, wirtschaftlichen und gesellschaftlichen Mix einkalkulieren.

Wo die Faktoren der umfassenden Optimierung übergangen werden, wird unweigerlich der Disruption Vorschub geleistet. Sie könnte sich abrupt und brutal ereignen. Sie setzt natürlich dort ein, wo das Wachstum überproportional beschleunigt wird. Das Management, das nicht bereit ist in diese Richtung voraus zu denken, ist an den negativen Folgen selber schuld. Es gibt die Alternative: Transformation. alles, was nicht plötzlich einsetzt, folgt bestimmten Regeln des Übergangs. Es geht um Anpassung und Implementierung, nicht um harten Austausch der Formationen. Inwieweit Unternehmen an Prozessen der Transformation aktiv beteiligt sind, lässt sich messen. Das Feedback der Öffentlichkeit sollte die Antwort am Markt geben.

In der digitalen Welt müssen die Voraussetzungen und Reaktionen auf Nachhaltigkeit genauso gemessen werden wie in der analogen. Ratings schaffen die Grundlagen für Erklärungs-Anreize, auch zur Digitalisierung. Die Technologien, die die Probleme bei den Usern am besten lösen, werden sich am schnellsten durchsetzen.

Andererseits ist eine plötzliche Umstellung auf der sozialen Ebene schwer zu verdauen. Denn ethische Vorgaben sind nicht so abrupt vermittelbar.

Jede dieser Arten der strukturellen Umwandlung hat zur Folge, dass das Umfeld des Wettbewerbs ein total neues Bild aufweisen wird. Im Zentrum der Einflüsse befinden sich die Customer-Services. Die Interaktion mit den Konsumenten sorgt dafür, dass der Nutzen-Faktor ganzheitlich beachtet wird. Es werden zusätzlich zu den ökonomischen Anforderungen die Geschehnisse rundum auf dem Globus in ein Verhältnis zueinander gesetzt. Der Preis wird

nicht mehr nach Angebot und Nachfrage,
sondern nach Angebot und Bedürfnis
festgelegt. Das Preis-Nutzen-Verhältnis wird
definitiv vom Nachhaltigkeitsfaktor
beeinflusst sein.

Die Beratungs-Portale sind von den
dilettantischen Selbsteinschätzungen, Fakes
und sonstigen Irrationalitäten freizuhalten.
Die Thematik der Nachhaltigkeit trifft mit
voller Wucht auf Risiken und
Nebenwirkungen. Sie stehen auf keinem
Beipack-Zettel. Professionelle Kompetenz
wird gesucht. Die User werden auf
Glaubwürdigkeit setzen. Das gehört zu einer
funktionierenden Weltwirtschaft dazu. Man
vergesse nicht, Wirtschaft wird zu einer

öffentlichen Angelegenheit, ist Sache aller,
verträgt keine Geheimnistuerei. Krisen sind
einerseits auf die Gefährlichkeit der
Umstände, andererseits auf die organisierte
Verschlechterung der Management-Systeme
zurückzuführen. Es macht schon etwas aus,
wie gut man vorbereitet ist. Das Management
darf sich der kritischen Auseinandersetzung
mit der Verantwortung nicht entziehen.

Und dann kommt es auf das
Selbstbewusstsein in den Unternehmen an.
Was oder wer für unwiderstehlich gehalten
wird, kann leicht ins Kippen kommen. Die
Balance zwischen krankmachender
Zurückhaltung und falsch eingeschätzten

Überinvestitionen ist nicht so einfach zu finden. Was kennzeichnet also den Mut zu einschneidenden Veränderungen? Jedenfalls sollten Unternehmen darauf bedacht sein, nach einer Krise nicht unbedingt auf dasselbe vor dem Ausbruch befindliche Niveau zurückzufallen, sondern mit voller Ideenkraft auf neue hoch angesetzte Ziele lossteuern. Natürlich geht es nicht, blauäugig wirtschaftliche Lagen zu überbewerten, aber man könnte sich von den Prämissen der Wissenschaft anstatt von den Einbildungen radikaler Verschwörungs-theorien leiten lassen. Das entspräche dem liberalen Verständnis von Verantwortung.

Die ökonomische Zukunft wird idealerweise

systemisch modelliert. Dann stolpert sie

nicht mehr so leicht in die Falle

voraussehbarer Zusammenbrüche. Aus Krisen

kann man auch lernen und sogar gestärkt

herauskommen. Der Verbrauch von 70

Milliarden Tonnen Rohstoffen pro Jahr für

einen fragwürdigen Lebensstil würde der

Marktwirtschaft den Zusammenbruch

bescheren. Eine Verdoppelung dieser Zahlen

wird wirtschaftlich nicht mehr auszuhalten

sein und würde laut der UN-Umweltbehörde

UNEP einen beträchtlich schädlichen Einfluss

auf die Gesundheit und Lebensqualität der

Menschen haben. Intelligente Lösungen sind

mehr als gefragt. Da muss es noch etwas

anderes geben, als Modelle der Sharing-

Economy oder des Co-Konsums. Diese

Verantwortung liegt ja mehr auf der Seite der Konsumenten. Die Unternehmen werden ihrerseits eigene Gedanken zur Transformation in ihre Programme einbinden müssen. Das macht die Ausweitung neuer, vielleicht noch unbekannter oder unüblicher Arbeitsfelder notwendig. Track and Trace-Systeme machen die Beschaffungsprozesse im Sinne der Green Economy transparent. Es sind Aufgabenbereiche der globalen Verantwortung. Zusätzlich werden unzählige neue Jobs am Arbeitsmarkt geschaffen.

Die Richtungsänderung nach Krisen erfolgt über neue Einsichten. Die Qualitätsmerkmale liegen in der Reduktion des Unvernünftigen. Will man im Change-Management der

Hilflosigkeit ausweichen, müssen die destruktiven Prozesse in den groß angelegten Kooperationen gestoppt werden. Die Entwicklungswege der Nachhaltigkeit sind jedenfalls freizuschaufeln. Der Verzicht auf Wachstum darf auch nicht so weit gehen, dass Innovatives verhindert wird. Das Bewusstsein für das Qualitative steht im Wandel der Zeit an vorderster Stelle.

J-G Matuszek

Universitäten Innsbruck, Salzburg, Perugia:
Empirische Wissenschaften, Systemanalyse, Politische
Wissenschaften, Internationale Beziehungen,
Kommunikationswissenschaften, Philosophie, Doktorat.
Sprachwissenschaften. Dipl-Dolmetsch, Magister.
Postuniversitär: Marketing, Werbung-PR-CI, Management-
Controlling, Innovations- u. Development-Management.
Lizenzierter Consultant.

Manager bei Multinationalen Konzernen.
Management- Contracting in Mittelständischen Unternehmen.
Consulting und Coaching. Vorstand und
Verwaltungsratspräsident mehrerer Unternehmen in
Deutschland, Schweiz. Geschäftsführung im Bereich
Zertifizierung von Firmen und Organisationen. Stiftungsrat der
Foundation „Globility-Circle".

Dozent an diversen Universitäten und Business-Schulen.
Buchautor.Ehem. Leistungssportler, Sporttrainer. High-Tech-
Kooperationen für Leistungs-Diagnostik/Optimierung in Sport
und Business.

Buchverzeichnis

NEW VALUE ECONOMY
Manager-quo-vadis?   ISBN 978-3-9812632-0-6

**MANAGEMENT
DER NACHHALTIGKEIT**   ISBN 978-3-658-02289-1

SPORT FÜR MANAGER
Was Manager vom Sport
lernen können?   ISBN 978-3-658-03637-9

**MANAGEMENT DER POLITIK
- EUROPA**   ISBN 978-3-99010-852-9

EUROPÄISCH DENKEN
Von der Exzellenz Europas   ISBN 978-3-738-62559-2

EUROPÄISCH HANDELN
Europas eigene Wege   ISBN 978-3-7504-1450-1

**MANAGEMENT VERSUS
SPIRITUALITÄT?**
Geistige Intelligenz der
Führungskräfte   ISBN 978-3-8543--1450-1

RUF NACH DEM SINN
Manager, Sportler, Politiker
und wir alle rufen   ISBN 978-3-7481-4419-9

MUT ZUM SINN
Zukunft ist Qualität   ISBN 978-3-7504-18943-9

Herstellung und Verlag:
BoD – Books on Demand, Norderstedt
ISBN: 978-3-7519-3186-1

FSC
www.fsc.org

MIX

Papier aus ver-
antwortungsvollen
Quellen
Paper from
responsible sources

FSC® C105338